100 EJERCICIOS Y JUEGOS seleccionados de iniciación al BALONMANO

Ana Mayer Arias

David Blanco Luengo

Título: 100 EJERCICIOS Y JUEGOS SELECCIONADOS DE INICIACIÓN AL BALONMANO
Autoras y autores: Ana Mayer Arias, David Blanco Luengo, José Fco. Wanceulen Moreno, Antonio Wanceulen Moreno.

Editorial: WANCEULEN EDITORIAL
Sello Editorial: WANCEULEN EDITORIAL DEPORTIVA

ISBN (Papel): 978-84-18486-79-1
ISBN (Ebook): 978-84-18486-80-7

DEPÓSITO LEGAL: SE 2199-2020

Impreso en España. 2020

WANCEULEN S.L.
C/ Cristo del Desamparo y Abandono, 56 - 41006 Sevilla
Dirección web: www.wanceuleneditorial.com y www.wanceulen.com
Email: info@wanceuleneditorial.com

ÍNDICE

INTRODUCCIÓN

Este título forma parte de una colección sobre juegos y ejercicios de distintos deportes para aquellas personas que estén interesadas en el entrenamiento y la enseñanza. Cada uno de estos libros contiene 100 juegos y ejercicios seleccionados para la iniciación en los diferentes deportes que se desarrollan.

En concreto el libro que nos ocupa está desarrollado para el deporte del balonmano. El origen del balonmano moderno se remonta a Max Heiser. En 1926 se estableció el primer reglamento oficial y desde 1972 forma parte de los Juegos Olímpicos. Según la clasificación de Parlebas el balonmano es un deporte de colaboración oposición con medio estable en espacio común en el que la participación es simultánea.

y dirigido primordialmente para técnicos que desarrollen su trabajo en categorías de iniciación, desde la etapa benjamín-alevín hasta la infantil. Se han incluido multitud de juegos para no olvidar el aspecto lúdico que nos permite desarrollar tanto el hábito deportivo como una base motriz amplia mediante el desarrollo de las habilidades motrices básicas. Se pretende también una variabilidad de ejercicios para que cada sesión que se practique sea diferente y no caer en la monotonía. Así mismo no es recomendable recurrir a los puestos específicos para que los jugadores tengan mayor base motriz en su desarrollo, por tanto se recomienda rotar las posiciones, incluida la de portero.

No debemos olvidar el egocentrismo característico de esta etapa, por lo que la mayoría de ejercicios y juegos requieren de la cooperación y comunicación entre los jugadores. También es necesario restringir en ocasiones medios como el bote para fomentar el juego en equipo.

Quizás uno de los aspectos característicos del balonmano es el continuo contacto tanto con los rivales como con los compañeros, por lo que debe y está presente en la mayoría de juegos y ejercicios. He dado mayor protagonismo a los medios técnico-tácticos de ataque, pero quiero recalcar que en la mayoría de tareas se practican ambas, por tanto, es el entrenador el que decide a qué fase le da más importancia mediante las correcciones y las reglas.

Estos ejercicios se pueden aplicar directamente pero también se pueden adaptar para ser empleados con mayor o menor dificultad e incluso en categorías superiores mediante la modificación del espacio de juego, el uso de jugadores comodines, aumentar el número de balones, de oponentes, etc.

Los ejercicios en este libro están agrupados por las acciones técnico-tácticas principales de cada uno de ellos, en cada actividad se detalla la fase que trabaja, el número de jugadores, las acciones técnico-tácticas secundarias que se van a trabajar, los materiales que se necesitan y el tiempo empleado para su desarrollo. Tras ello se encuentran representaciones gráficas para la compresión de los mismos. Se ofrecen diferentes formas de iniciación a las acciones principales, además están formulados de forma global para recurrir a la toma de decisiones característica de la situación real de juego y de este deporte en concreto. Atendiendo al orden ya comentado podremos encontrar los medios medios técnico tácticos divididos según:

1. Posición básica. Ejercicio 1.

2. Adaptación de balón. Ejercicio 2.

3. Desplazamiento. Ejercicios 3-16.

4. Bote. Ejercicios 17-31.

5. Pases. Ejercicios 32-48.

6. Lanzamiento. Ejercicios 49-63.

7. Portero. Ejercicio 64.

8. Fintas. Ejercicio 65.

9. Control visual. Ejercicios 66- 69.

10. Cruces. Ejercicios 70-76.

11. 1x1. Ejercicios 77-79.

12. Penetraciones sucesivas. Ejercicios 80-83.

13. Pase y va. Ejercicios 84-90.

14. Circulación de jugadores. Ejercicio 91.

15. Interceptación. Ejercicios 92-100.

Este libro es especialmente recomendable para los entrenadores en las primeras etapas de formación y profesores de educación física, de forma que se recogen los aspectos necesarios para la correcta formación motriz y el desempeño en la práctica deportiva.

A lo largo del libro se ha usado el término masculino en general para sintetizar la información todo lo posible. Sin embargo, destaco que cuando se usan los distintos términos nos referimos a ambos géneros.

En cuanto a la presentación, soy una estudiante de Ciencias de la Actividad Física y del Deporte. Llevo desde los siete años practicando el deporte de balonmano a diferentes niveles, llegando varias veces a campeonatos de España, por lo que cuento con cierta experiencia como practicante. Este deporte se clasifica como de colaboración oposición, por lo tanto se conocen multitud de personas. Además, se aprenden los valores deportivos como el esfuerzo, compañerismo, sacrificio, superación, igualdad, respeto, deportividad, solidaridad, perseverancia, solidaridad, ... Que se extrapolan a los sentimientos, emociones y valores cotidianos de los niños o jugadores a los que se les transmite, adaptando y modificando sus actitudes y comportamientos hacia las personas. Por último, dar las gracias a mi profesor David Blanco Luego por darme la oportunidad de hacer este libro y compartir mi conocimiento y experiencia.

SIMBOLOGÍA

Conos
Aros
Petos
Banco
Jugadores
Defensas o porteros
Jugadores con balón
Balón
Globo
Jugador comodín
Desplazamiento
Pases
Bote
Interceptación
Control de oponente
Campo de ataque
Campo de defensa
Campo de transición

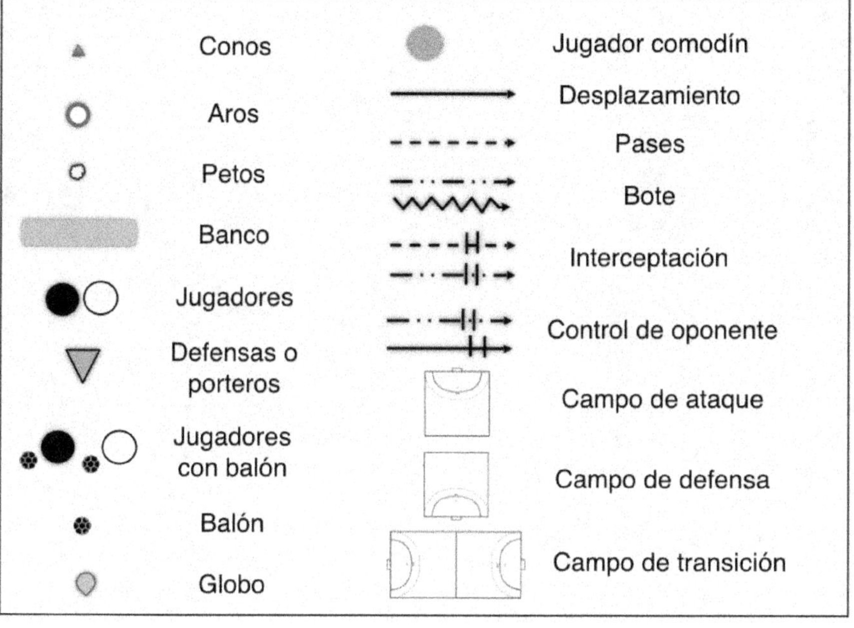

100 EJERCICIOS Y JUEGOS SELECCIONADOS DE BALONMANO

Ejercicio Nº 1	Medio TT Principal	Posición básica
	Secundario	Rapidez de reflejos
Medios Técnico-Tácticos	Posición básica	
Jugadores	-	Fase	-
Material	Conos	Tiempo	1'

Explicación

Juego para practicar la posición básica defensiva.

Los jugadores por parejas y con un cono entre ellos. Decimos ítems de la posición defensiva y los jugadores tienen que reproducirlo. Ejemplo: rodillas flexionadas, pies a la anchura de los hombros, etc. A continuación diremos: "cono". Los jugadores tratarán de coger el cono, quien lo haga primero gana.

Variante:

Ídem a la anterior pero partimos de la posición básica defensiva y decimos partes del cuerpo, pj: oreja, tobillo, etc. Los jugadores tienen que tocarse la parte del cuerpo y cuando digan "cono" tienen que cogerlo.

Observaciones	Para entrenar con categorías de bajo nivel y la variante para calentamiento con competición entre jugadores.

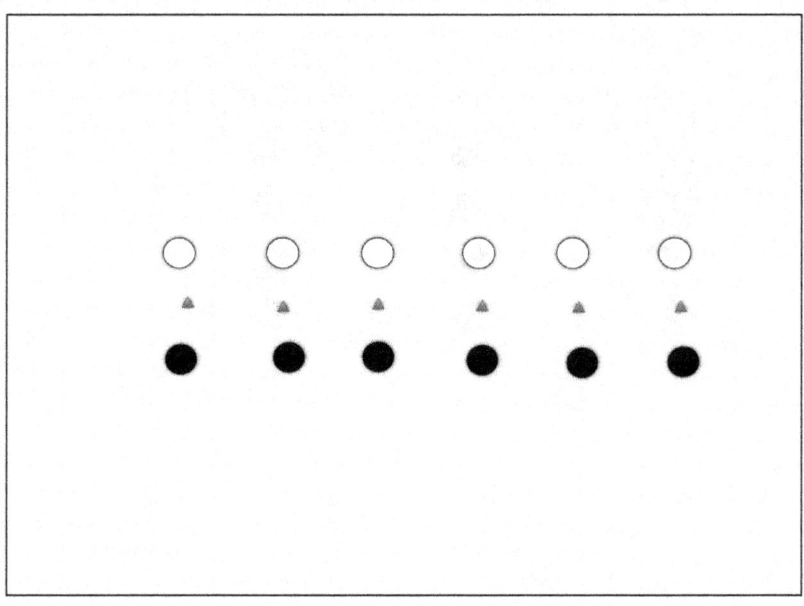

Ejercicio N° 2	Medio TT principal	Adaptación de balón	
	Medios TT secundarios	Posición básica	
Medios Técnico-Tácticos	Posición base, adaptación de balón, manejo de balón, desplazamientos.		
Jugadores	5	Fase	Ataque
Material	Balones	Tiempo	7'
Explicación			

Se hacen grupos de 5 o 6 jugadores y se colocan en fila india, cada grupo tendrá un balón. El juego consiste en trasladar el balón de atrás hacia delante pasándolo por encima de la cabeza y por debajo de las piernas de forma alternativa y sin mirar hacia atrás. Cuando el balón llegue al primero de la fila este tendrá que tirarlo hacia atrás entre las piernas de sus compañeros hasta que llegue al último y después corriendo hacia atrás se colocará el último de la fila. Gana el grupo que llegue antes a una distancia estipulada (se recomienda el ancho del campo).

Observaciones	Variantes: trasladar el balón de delante a atrás, pasarlo con rotación de tronco, hacerlo con un balón medicinal, etc.

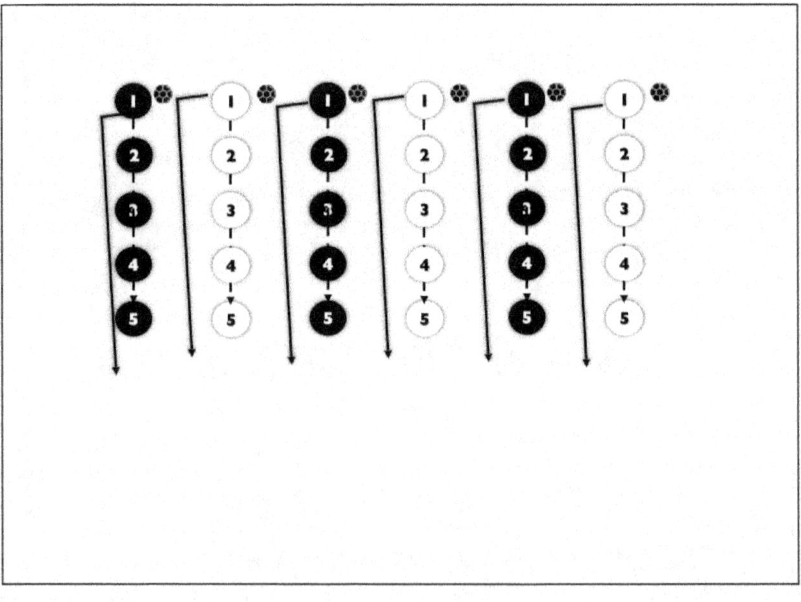

Ejercicio Nº 3	Medio TT Principal	Desplazamiento
	Medio TT Secundario	Bote

Medios Técnico-Tácticos	Posición básica, desplazamientos, manejo de balón, bote.		
Jugadores	2	Fase	Ataque
Material	Balones	Tiempo	7'

Explicación

Por parejas cada una con tres balones (uno de ellos puede ser de cualquier tipo). Un balón tiene que estar en contacto con ambos jugadores en una parte del cuerpo específica que determine el entrenador, que a su vez puede indicar el cambio de la zona donde el balón contacta en el cuerpo por parte de los dos jugadores. En ningún momento se puede coger el balón en el cambio de la zona del cuerpo ni dejar de estar en contacto alguno de los jugadores.

Los otros dos balones se utilizarán para botarlos al mismo tiempo que se desplazan.

Se recomienda realizarlo en forma de carreras entre las parejas en el ancho de la banda o jugar dentro del área y que el último que cambie la posición pierda.

Observaciones	Variantes: se juega con otra pareja a pasar el balón al mismo tiempo; cada cierto tiempo se tienen que sentar en el suelo...

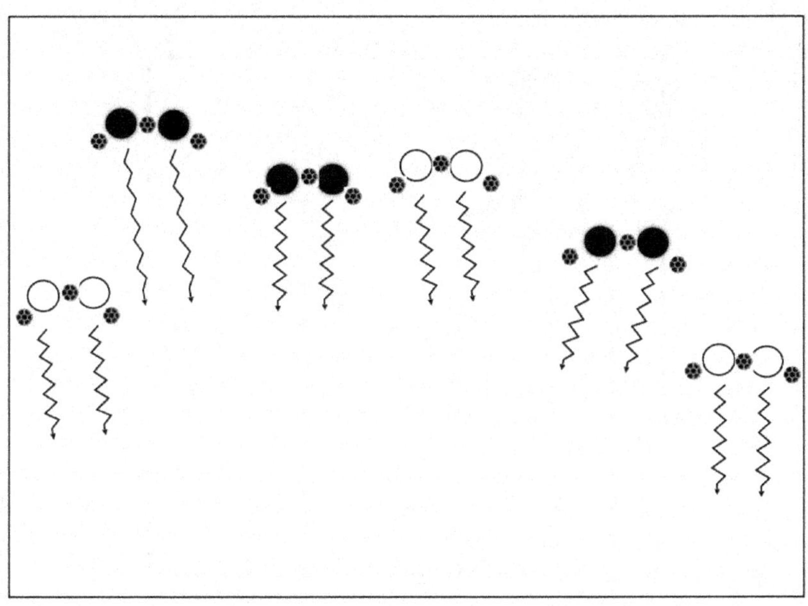

Ejercicio Nº 4	Medio TT Principal	Desplazamiento
	Medios TT Secundarios	Bote e interceptación

Medios Técnico-Tácticos	Posición base, adaptación de balón, manejo de balón, desplazamientos, bote, finta, pases y recepciones. Interceptación.		
Jugadores	-	Fase	Ataque
Material	Balones y conos	Tiempo	10'

Explicación

En un espacio reducido, como por ejemplo la mitad de medio campo se colocan tantos conos como se puedan, repartidos por toda la zona.

Cada jugador con un balón, deberá desplazarse por el campo de juego estipulado botando. El desplazamiento se tiene que producir de cono a cono, los que ellos elijan, y tendrán que ir cambiando de ritmo y de dirección cuando pasen a otro cono. El cambio de ritmo también puede indicarse por el entrenador mediante pitidos. Si se encuentran dos compañeros de frente realizar una finta.

Lo siguiente que incorporaremos son acciones básicas como tirar el balón hacia arriba y dar tres palmadas, sentarse en el suelo y levantarse sin dejar de botar el balón, periodos de tiempo en los que tienen que robar el balón en bote de los compañeros, etc.

La última progresión del ejercicio será en tríos, cada uno con un balón y pasándoselo entre ellos, continuando con los cambios de dirección y ritmo y robando el balón de otros grupos.

Observaciones	Usar conos de plástico deformables. Recomendado para iniciación.

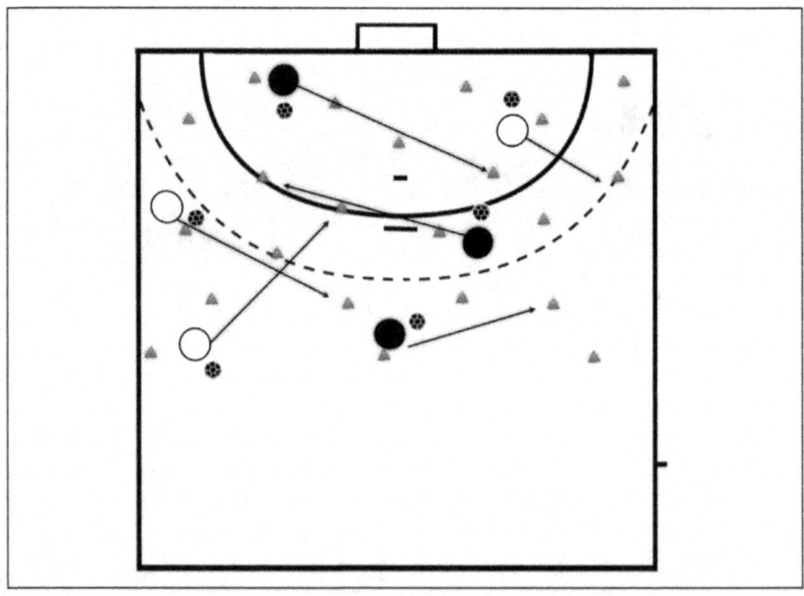

Ejercicio Nº 5	Medio TT Principal	Desplazamiento
	Medio TT Secundario	Posición básica defensiva
Medios Técnico-Tácticos	Desplazamientos, posición básica, control visual.	

Jugadores	6	Fase	Defensa
Material		Tiempo	7'

Explicación

Cinco jugadores forman un círculo cogiéndose de las manos y el jugador restante se coloca dentro del círculo.

El objetivo de los jugadores que forman el círculo es desplazarse coordinadamente con basculaciones y desplazamiento defensivo para tocar al jugador de dentro del círculo.

El jugador de dentro tiene que desplazarse para no ser tocado por los defensores.

Observaciones	Se debe mantener el círculo en todo momento. Es un juego de coordinación entre jugadores y apto para el final de la sesión.

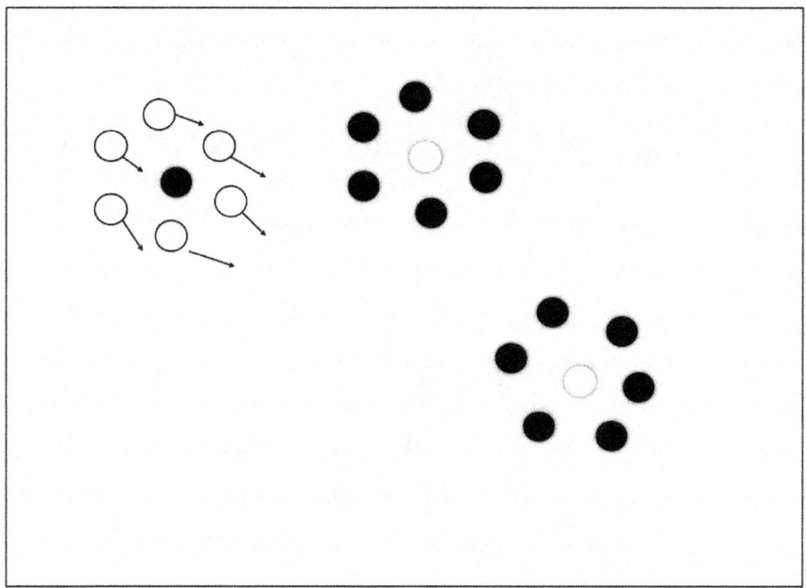

Ejercicio Nº 6	Medio TT Principal	Desplazamiento
	Medio TT Secundario	Basculación
Medios Técnico-Tácticos	Desplazamientos, posición básica, control visual, basculación, uso del cuerpo.	
Jugadores	6	Fase	Defensa
Material		Tiempo	7'
Explicación			

Que no te toque el cono.

Se hace un círculo de unos seis/siete jugadores que en posición básica defensiva se tienen que agarrar los unos a los otros por la cadera. Dentro del círculo habrá un cono.

El objetivo es que el cono no toque al jugador pero toque a algún compañero en cualquier parte del cuerpo por lo que hay que intentar mover el círculo traccionando hacia afuera desde la posición.

Observaciones	Intentar equilibrar el peso de los jugadores.

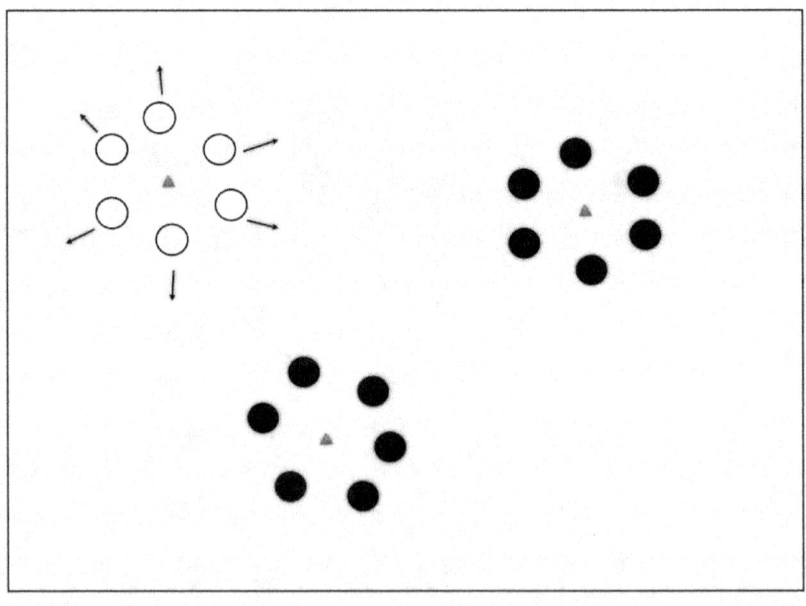

Ejercicio Nº 7	Medio TT Principal	Desplazamiento
	Medio TT Secundario	Lanzamiento y obstaculización del desplazamiento
Medios Técnico-Tácticos	Posición básica, desplazamientos, obstaculizar el desplazamiento, basculaciones, pases, recepciones, lanzamiento y fintas.	
Jugadores	8	Fase	Defensa y ataque
Material	Balones y conos	Tiempo	2'
Explicación		

Tirar al pollito.

Cuatro jugadores hacen una fila india y cuatro son lanzadores.

El último de la fila india es el blanco y sus compañeros tienen que evitar que los lanzadores le impacten con la pelota mediante desplazamientos e interponiendo su cuerpo. Estos se encontrarán en un cuadrado de 6x6 metros.

Los lanzadores se encontrarán fuera de este cuadrado con dos balones, tendrán que pasárselos entre ellos hasta que se encuentren en una situación óptima para lanzar al último jugador.

Observaciones	Usar preferentemente balones de gomaespuma para no dañar a los jugadores.

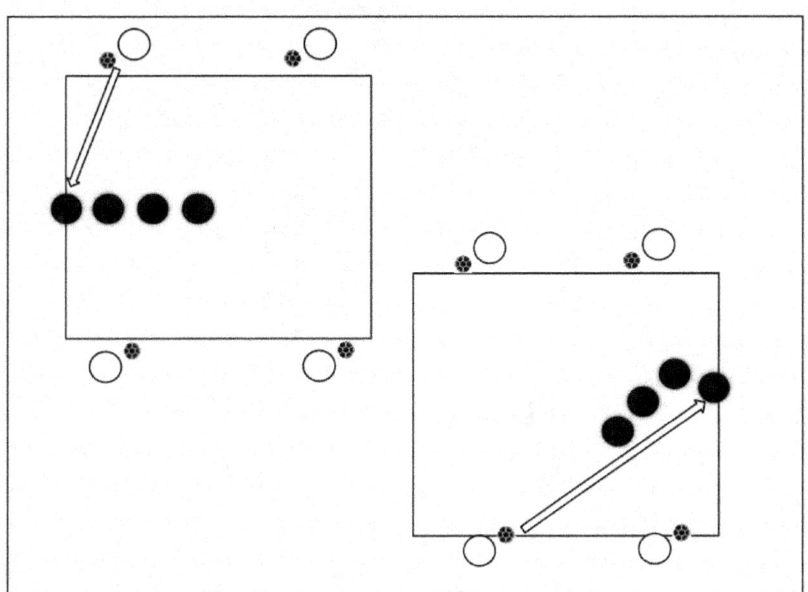

Ejercicio N° 8	Medio TT Principal	Desplazamiento
	Medio TT Secundario	Posición básica y obstaculización del desplazamiento

Medios Técnico-Tácticos	Posición básica, desplazamientos, obstaculizar el desplazamiento, basculaciones.		
Jugadores	5	Fase	Defensa
Material	-	Tiempo	2'

Explicación

Proteger al pollito.

Cuatro jugadores hacen una fila india y uno es el perseguidor.

El objetivo del perseguidor es tocar al último de la fila mediante desplazamientos y cambios de dirección. El objetivo del grupo es que no toquen al último de la fila desplazándose e interponiéndose entre el perseguidor y el último compañero.

El primer jugador de la fila botará el balón.

Observaciones	Si el grupo se hace con menor número de jugadores se producen más desplazamientos pero los jugadores más jóvenes se fatigan más.

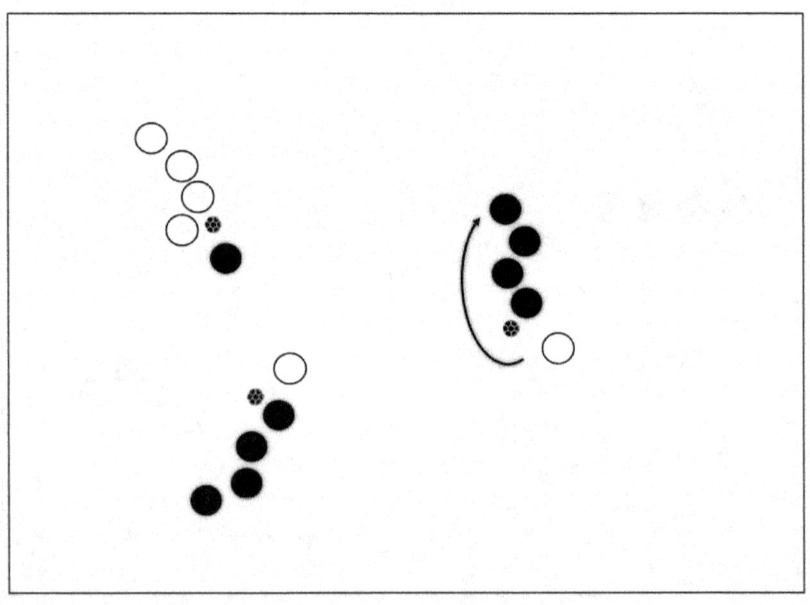

Ejercicio Nº 9	Medio TT Principal	Desplazamiento
	Medio TT Secundario	Bote
Medios Técnico-Tácticos	Posición base, adaptación de balón, manejo de balón, desplazamientos, bote, pases y recepciones.	

Jugadores	5 o 6	Fase	Ataque
Material	Balones y aros	Tiempo	7'

Explicación

Las cuatro esquinas.

El espacio de juego será en forma de cuadrado donde en cada una de las esquinas habrá un aro. Cada jugador tendrá un balón que tendrá que estar botando.

El objetivo es que cuando el entrenador pite los niños tienen que ocupar los aros, debiéndose realizar el desplazamiento botando. Los que no consigan llegar antes que sus compañeros perderán. Cuando estén en los aros se la tendrán que pasar al jugador que esté en la diagonal.

Observaciones	Variantes: los dos del centro tratan de robar el balón en los pases de los compañeros de las esquinas, que solo tendrán 2 balones.

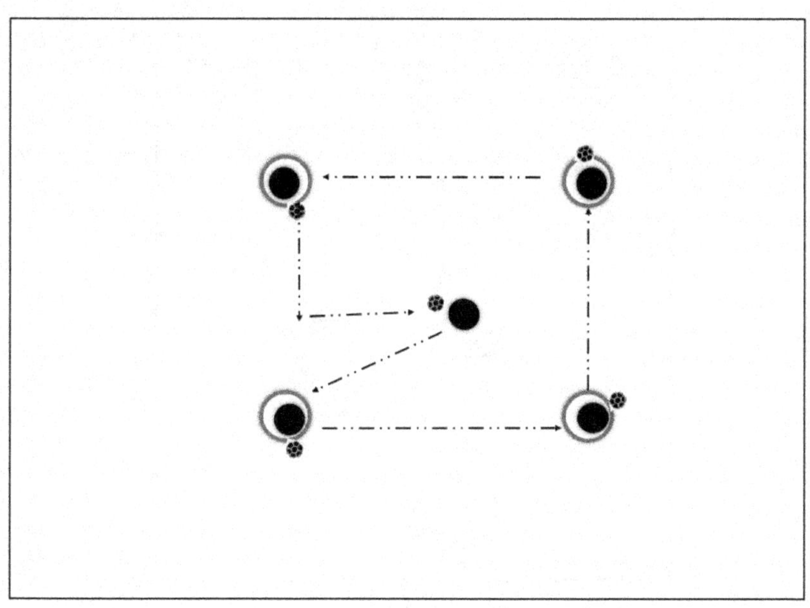

Ejercicio Nº 10	Medio TT Principal	Desplazamiento
	Medio TT Secundario	Pases y recepciones

Medios Técnico-Tácticos	Posición base, adaptación de balón, manejo de balón, desplazamientos, bote, lanzamiento, pases y recepciones. Portero		
Jugadores	7	Fase	Ataque
Material	Balones y conos	Tiempo	7'

Explicación

Se hace un cuadrado en el campo con los conos de 5 metros cada lado. Se enfrentan 3 contra 3 y habrá un portero.

Dentro del cuadrado se colocará un equipo con un solo balón y en el lado más alejado de la portería, fuera del cuadrado, se colocará el otro equipo donde todos los jugadores tendrán balón.

El objetivo es que los jugadores del equipo de fuera del cuadrado pasen botando por dentro del cuadrado sin que los toquen los jugadores de dentro para luego tirar a portería. Los jugadores de dentro del cuadrado solo podrán eliminar a los jugadores del otro equipo cuando el que lo toque tenga balón, por lo que mediante pases deben tratar de alcanzar al jugador contrario.

Observaciones	Se puede añadir un balón más a los jugadores del centro y así dificultar el desplazamiento. Se debe hacer el cuadrado cerca de la portería. Cuando solo se tiene una es recomendable hacer 3 cuadrados y que los grupos roten por los cuadrados para así variar la zona de lanzamiento. Cuando termine un grupo empieza el siguiente.

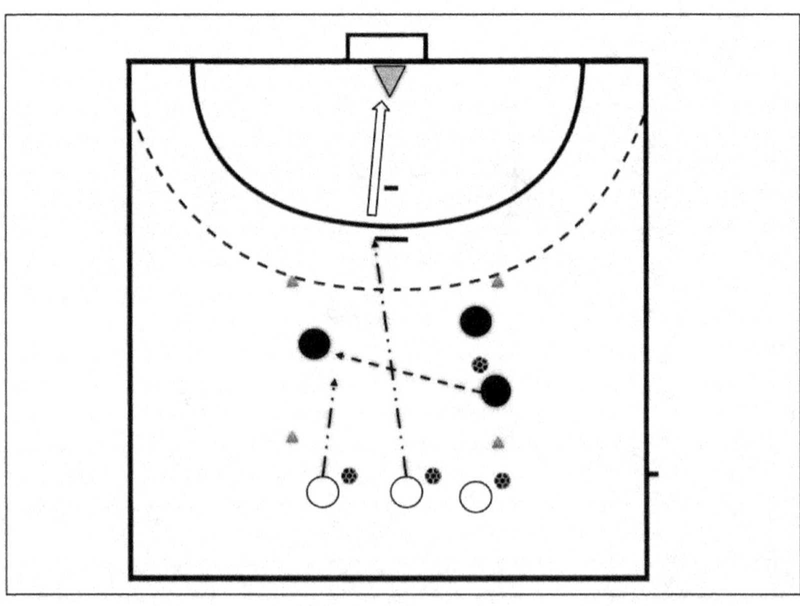

Ejercicio Nº 11	Medio TT Principal	Desplazamiento
	Medio TT Secundario	Bote, lanzamientos

Medios Técnico-Tácticos	Posición base, adaptación de balón, manejo de balón, desplazamientos, bote, lanzamiento. Portero.		
Jugadores	-	Fase	Ataque
Material	Balones y conos	Tiempo	7'

Explicación

Todos los jugadores con balón separados entre ellos dos metros. Los jugadores estarán botando en estático y el entrenador irá acompañando órdenes de movimiento.

Unos ejemplos de movimiento mientras botan son: hacia delante, atrás, izquierda, derecha, cambio de mano, tirar el balón al aire y dar una vuelta o una palmada, pase al compañero de la izquierda o derecha, etc. Cuando el entrenador lo vea conveniente ordenará el lanzamiento a portería. Se recomienda que los jugadores hagan dos filas y tiren alternativamente, además los primeros lanzamientos se pueden hacer para calentar al portero.

Una vez realizado el calentamiento del portero podemos trasladar el grupo al otro campo para realizar contraataques.

Observaciones	Ideal para el calentamiento. Para los contraataques un jugador se podría quedar para pasar el contraataque y ser más realista.

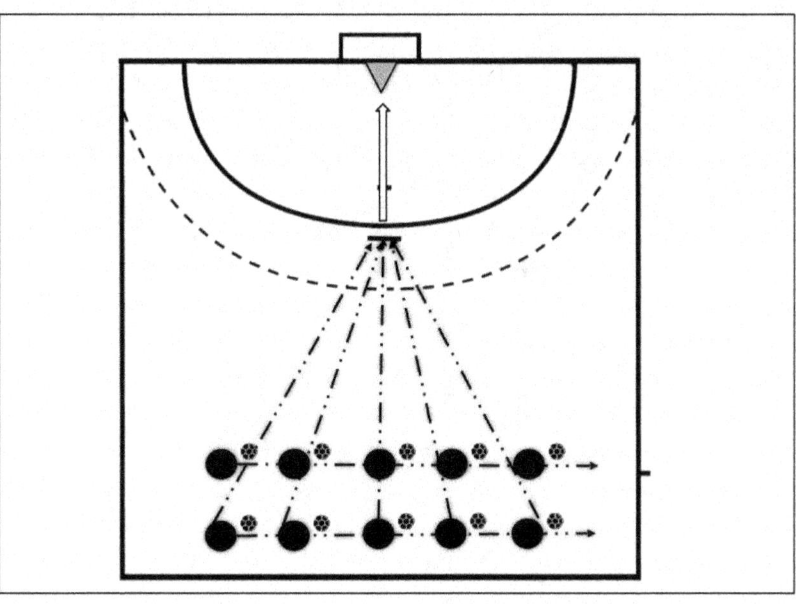

Ejercicio Nº 12	Medio TT Principal	Desplazamiento
	Medio TT Secundario	Pases

Medios Técnico-Tácticos	Posición base, adaptación de balón, manejo de balón, desplazamientos, pases y recepciones.		
Jugadores	-	Fase	Ataque
Material	Balón y cuerda larga	Tiempo	7'

Explicación

Juego del cortacésped.

Utilizamos el ancho de medio campo y dividimos el resto de jugadores en parejas que estarán separados.

Mientras que los jugadores pasan el balón entre ellos, otros dos compañeros sujetan una cuerda a una altura y pasan por los laterales donde están sus compañeros. A cada pasada los compañeros que sujetan la cuerda cambiarán la altura.

Los jugadores pasadores deberán evitar que la cuerda les toque saltando, agachándose o tumbándose en el suelo, si les toca dos veces quedan eliminados.

Observaciones	Los primeros jugadores que queden eliminados cogen la cuerda para que sus compañeros puedan jugar.

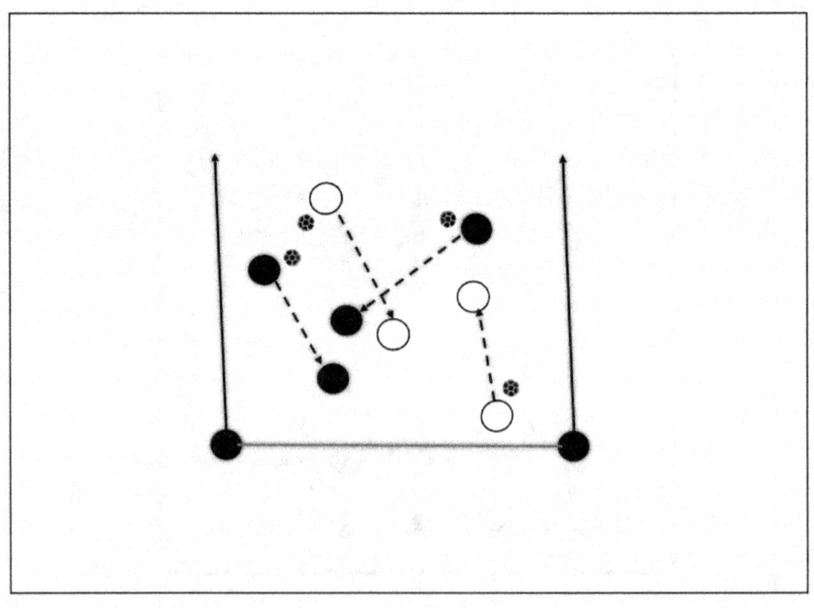

Ejercicio Nº 13	Medio TT Principal	Desplazamiento
	Medio TT Secundario	Control visual y oponente

Medios Técnico-Tácticos	Desplazamientos, posición básica, control visual, interceptaciones, marcajes, disuasión, control oponente y 2x2.
	Secundarios: pases, recepciones, posición base, adaptación de balón, manejo de balón, desplazamientos, bote.

Jugadores	4	Fase	Defensa
Material	Balón, globo y conos	Tiempo	7'

Explicación

Ponemos los conos de forma que se forme un cuadrado. Dos jugadores son defensa y otros dos atacantes. Pondremos hincapié en la defensa, por lo que es recomendable buscar la corrección de esta.

El ataque se moverá alrededor del cuadrado, teniendo que recibir balón de su compañero en otro lado que no fuera donde la hubiera recibido o pasado antes. Para anotar punto uno de los atacantes tiene que dar 5 botes seguidos dentro del cuadrado.

La defensa tratará de interceptar el balón en pase o el bote, al mismo tiempo que evitar que el globo toque el suelo.

Si es iniciación se recomienda usar también el control de oponente para que se habitúen al contacto.

Observaciones	Si se quiere aumentar la dificultad en la defensa se pueden poner reglas en el toque del globo como: no puede tocar más de dos veces seguidas el globo la misma persona o tiene que mantenerlo en el aire el defensor del compañero con balón.

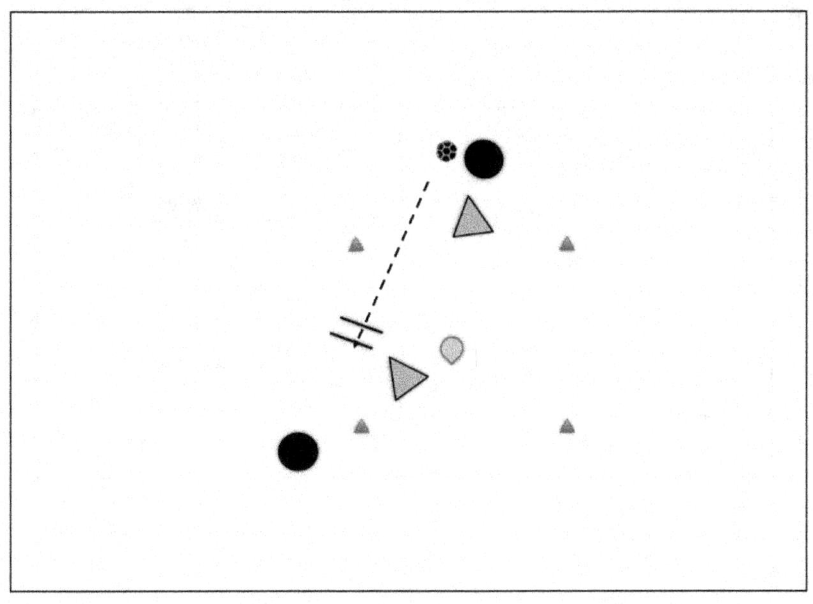

Ejercicio Nº 14	Medio TT Principal	Desplazamiento
	Medio TT Secundario	Pases y lanzamiento Control de oponente e interceptación.

Medios Técnico-Tácticos	Posición base, adaptación de balón, manejo de balón, desplazamientos, fintas, pases, 2x1, pase, recepción, bote y lanzamiento. Desplazamientos, posición básica, control visual, interceptaciones, marcajes, disuasión, control de oponente, blocaje. Portero		
Jugadores	5	Fase	Contraataque y defensa
Material	Balón	Tiempo	10'

Explicación

Un portero en cada portería, un defensa en el campo contrario donde están los dos atacantes, cada uno en un extremo.

El contraataque se iniciará mediante pases, una vez sobrepasada la línea de medio campo el jugador con balón se la pasará a su compañero y procederá a doblar la posición hacia el pivote. Primar el pase al pivote para la finalización.

El defensa tratará de interceptar el balón o hacer control de oponente.

Variante de progresión: añadir un defensa para realizar un 2x2 en la fase final del contraataque.

Observaciones	Es recomendable acotar la zona de finalización para añadir dificultad. Rotar los puestos.

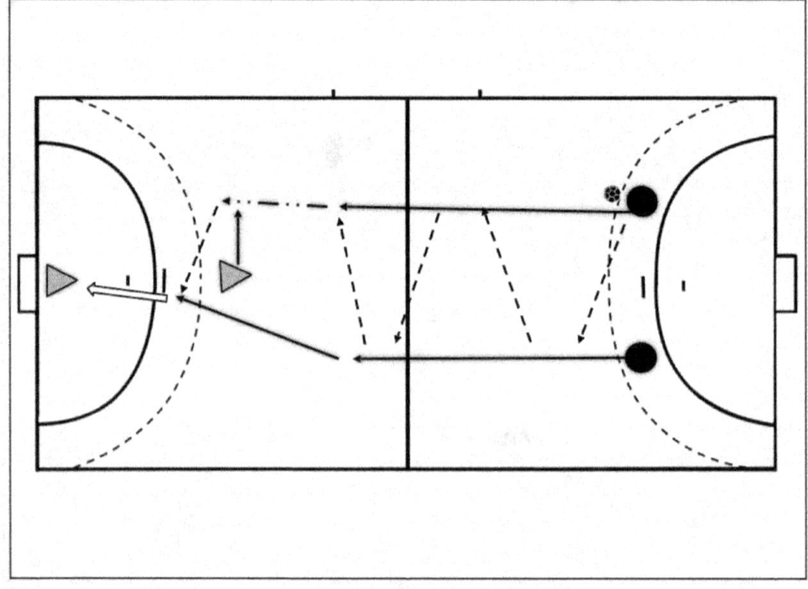

Ejercicio Nº 15	Medio TT Principal	Desplazamiento
	Medio TT Secundario	Pases y recepciones Interceptación y control de oponente
Medios Técnico-Tácticos	Posición base, adaptación de balón, manejo de balón, desplazamientos, fintas, pases, 2x1, 2x2, pase, recepción, bote y lanzamiento. Desplazamientos, posición básica, control visual, interceptaciones, marcajes, disuasión, control de oponente, blocaje, ayuda, cobertura, doblaje, cambio de oponente. Portero	
Jugadores	6	Fase	Contraataque y defensa
Material	Balón	Tiempo	10'

Explicación

Un portero, dos atacantes que parten desde 6 metros y tres defensas, uno se situará en el medio campo desde donde parten los atacantes y los otros dos en el otro medio campo.

Mediante una acción de contraataque (que puede iniciarse con un pase de un portero, entrenador u otro compañero) los atacantes deberán superar a la defensa. En el primer medio campo los jugadores no pueden botar y en el segundo medio campo, donde hay dos defensas el jugador con balón solo podrá dar un bote. El objetivo de los atacantes es finalizar en un 1x0.

Los defensas deberán intentar interceptar prioritariamente y si no realizar control de oponente.

Observaciones	Recomendable en iniciación añadir un apoyo no móvil en uno de los laterales, cercanos a la banda.

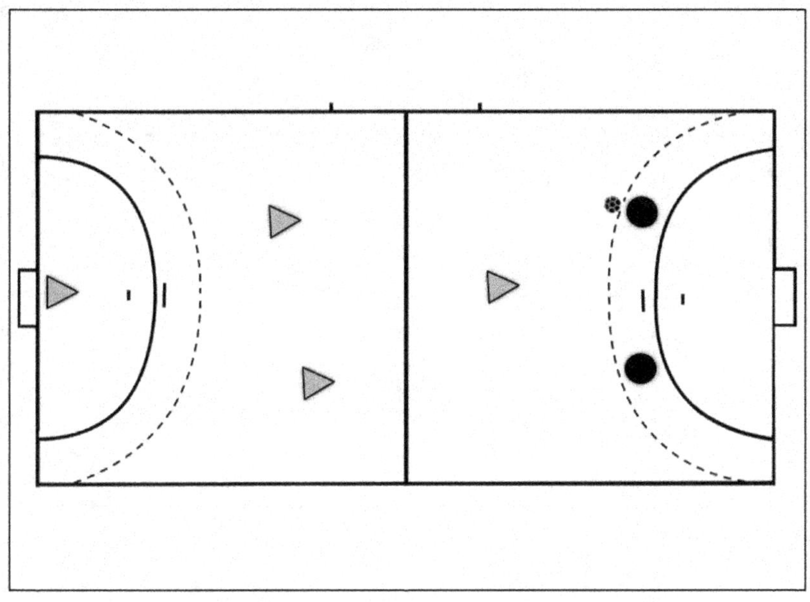

Ejercicio Nº 16	Medio TT Principal	Desplazamiento
	Medio TT Secundario	Pases y lanzamiento Control de oponente e interceptación.

Medios Técnico-Tácticos	Posición base, adaptación de balón, manejo de balón, desplazamientos, fintas, pases, 2x1, pase, recepción, bote y lanzamiento. Desplazamientos, posición básica, control visual, interceptaciones, marcajes, disuasión, control de oponente, blocaje. Portero		
Jugadores	6	Fase	Contraataque y defensa
Material	Balón	Tiempo	10'

Explicación

Un portero en cada portería, un defensa en el campo contrario donde están los dos atacantes y otro defensa en el campo desde donde parten, cada atacante en un extremo.

El contraataque se iniciará mediante pases, una vez sobrepasada la línea de medio campo el jugador con balón se la pasará a su compañero y procederá a doblar la posición hacia el pivote, teniendo que pasar por detrás del cono de 9 metros de su lateral. Primar el pase al pivote para la finalización.

Los defensas tratarán de interceptar el balón o hacer control de oponente.

Variante de progresión: añadir un defensa más para realizar un 2x2 en la fase final del contraataque.

Observaciones	Es recomendable acotar la zona de finalización para añadir dificultad. Rotar los puestos.

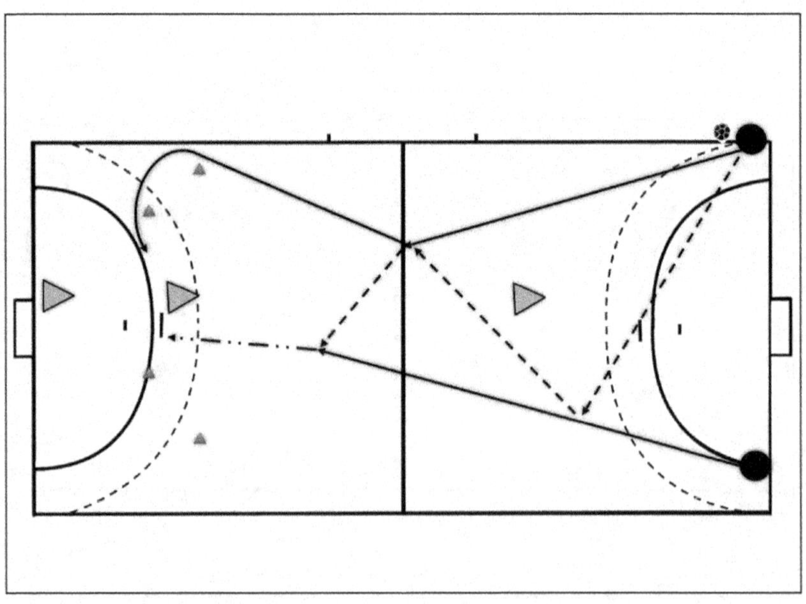

Ejercicio N° 17	Medio TT Principal	Bote	
	Medios TT Secundarios	Adaptación de balón	
Medios Técnico-Tácticos	Posición base, adaptación de balón, manejo de balón, desplazamientos, bote.		
Jugadores	5	Fase	Ataque
Material	Balones	Tiempo	7'
Explicación			

Se hacen grupos de 5 jugadores que se colocan en fila india. El objetivo es trasladar el balón de delante hacia atrás pasándolo por encima de la cabeza, debajo de las piernas y mediante rotación de tronco. Cuando llegue al último jugador este tendrá que colocarse en la primera posición haciendo zigzag botando entre sus compañeros. Gana el grupo que llegue primero a un lugar estipulado (se recomienda el ancho de banda).

Observaciones	Variante: lanzar el balón hacia atrás de jugador en jugador.

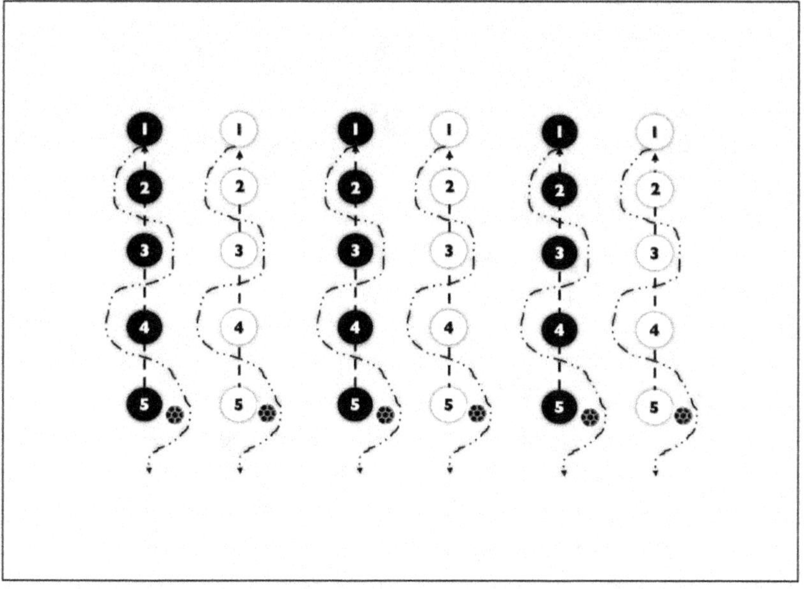

Ejercicio Nº 18	Medio TT Principal	Bote	
	Medios TT Secundarios	Adaptación de balón	
Medios Técnico-Tácticos	Posición base, adaptación de balón, manejo de balón, desplazamientos, bote, pases y recepciones.		
Jugadores	-	Fase	Ataque
Material	Balones y cuerdas	Tiempo	7'
Explicación			

Juego del caracol al tigre.

Los jugadores deben ir botando por la pista y retar a otros compañeros al juego del caracol.

En el juego del caracol hay 4 posiciones de bote: a cuadrupedia (caracol), en cuclillas (ratón), de rodillas (mono) y de pie (tigre). Los jugadores tienen que retar a alguien de su posición para poder ascender.

Cuando se reten tienen que jugar a un piedra, papel y tijeras hasta ganar dos partidas, quien gane asciende, quien pierda desciende.

Observaciones	Vuelta a la calma

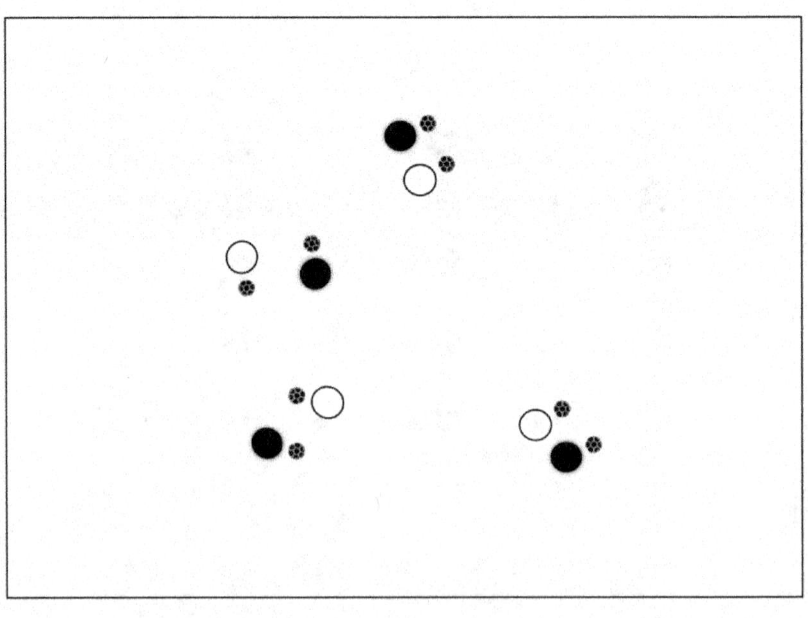

Ejercicio Nº 19	Medio TT Principal	Bote
	Medios TT Secundarios	Adaptación de balón
Medios Técnico-Tácticos	Posición base, adaptación de balón, manejo de balón, desplazamientos, bote, pases, recepciones y lanzamiento.	
Jugadores	-	Fase	Ataque
Material	Balón y conos	Tiempo	10'

Explicación

Juego del pañuelito de balonmano.

Se hacen dos equipos y se reparten números. El entrenador se pondrá en medio de los dos grupos con un balón. Detrás de los grupos a unos 5 metros se pondrán 3 conos para realizar un lanzamiento.

Cuando se diga un número los jugadores de los dos equipos deberán correr hacia el centro, el primero que coja el balón tendrá que volver botando sin que el oponente lo pille y una vez sobrepasada la línea tendrán que lanzar hacia los conos.

Variante: realizarlo por parejas y volver mediante pases.

Observaciones	En el fondo se puede poner una portería e ir rotando los porteros, que tienen que ser del equipo contrario.

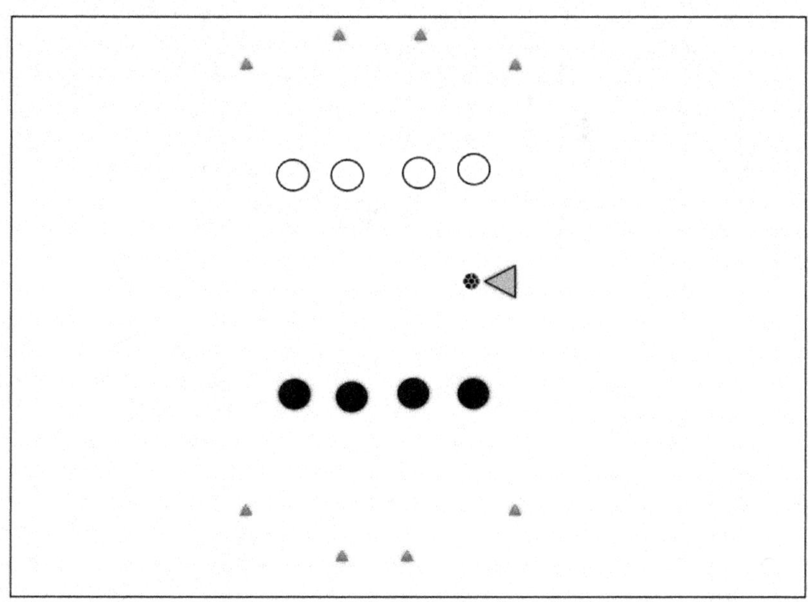

Ejercicio Nº 20	Medio TT Principal	Bote
	Medios TT Secundarios	Adaptación de balón

Medios Técnico-Tácticos	Posición base, adaptación de balón, manejo de balón, desplazamientos, pases, recepciones y lanzamientos		
Jugadores	4	Fase	Ataque
Material	Balón y conos	Tiempo	10'

Explicación

Juego pelota pared.

Limitamos el espacio de juego en la pared de 5 metros y el suelo de al lado de la pared a 2 metros de profundidad. Los jugadores se distribuyen por parejas de manera que las parejas se enfrentan entre ellas.

El juego consiste en tirar el balón hacia la pared, de manera que impacte dentro de los 5 metros, una vez el balón haya impactado tendrá que botar después de la zona de 2 metros de profundidad y recogerlo el jugador del otro equipo.

El balón solo puede botar una vez, si bota más de una vez antes de que la pareja contraria lo coja sería punto para el que lo lanza. Una vez cogido el balón se debe tirar desde esa posición. Si bota al lanzarlo antes de tocar la pared el equipo contrario puntúa.

Observaciones	Se pueden añadir objetivos en las paredes para conseguir más puntuación. En iniciación temprana se puede hacer en grupos de 3 y acortando la zona de bote.

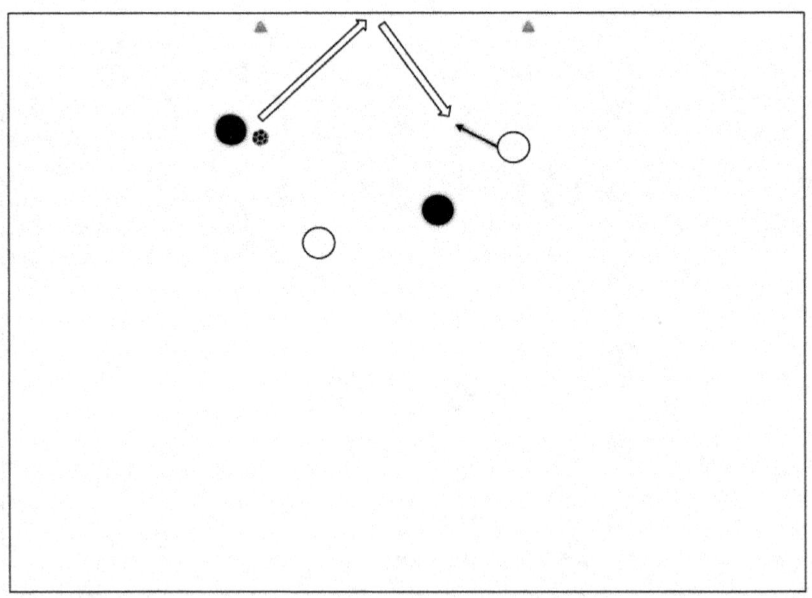

Ejercicio Nº 21	Medio TT Principal	Bote
	Medios TT Secundarios	Adaptación de balón

Medios Técnico-Tácticos	Posición base, adaptación de balón, manejo de balón, desplazamientos, bote.		
Jugadores	-	Fase	Ataque
Material	Balones y telas	Tiempo	7'

Explicación

Juego Salva al cangrejo.

Cuatro jugadores se la quedan y se tienen que coger de la mano haciendo un círculo. El resto de jugadores por pareja y todos con balón. Las parejas tendrán que darse la mano entre ellos y con la mano libre botar el balón.

El objetivo de los que se la quedan es pillar a los atacantes, cuando pillen a una pareja la meterán dentro de su círculo (los atacantes ya podrán soltarse de las manos) y seguirán pillando.

El objetivo de los atacantes es escapar de los defensas, una vez una pareja es pillada el resto de atacantes podrán salvarla tocando a los dos integrantes de la pareja pero si los defensas les tocan quedarían pillados.

Si la defensa pilla a dos parejas se convierten también en defensas.

Para complicar la tarea de ataque se puede atar una pierna de los jugadores para que tengan que coordinar su movimiento. No hacer esta parte en iniciación.

Observaciones	Cuidado con atar las piernas. Juego de cooperación y coordinación.

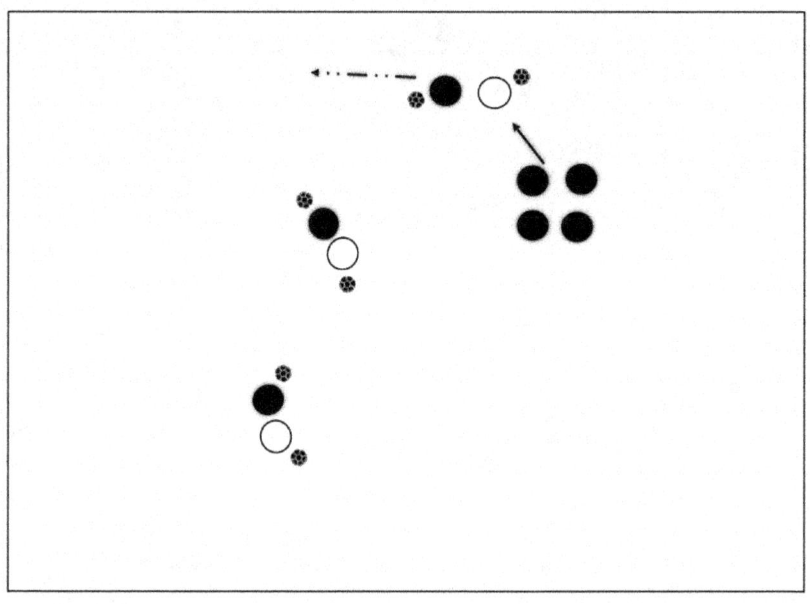

Ejercicio Nº 22	Medio TT Principal	Bote	
	Medios TT Secundarios	Adaptación de balón	

Medios Técnico-Tácticos	Posición base, adaptación de balón, manejo de balón, desplazamientos, bote.		
Jugadores	3	Fase	Ataque
Material	Balones y conos	Tiempo	7'

Explicación

En un espacio reducido, como por ejemplo, los nueve metros, se colocan tantos conos como se puedan, repartidos por toda la zona. Los jugadores se disponen por tríos, con un balón por cada una de las agrupaciones.

Un compañero del trío tendrá vendados los ojos y tendrá que atravesar el ancho del campo botando, donde están los conos, sin pisar ninguno de estos. Para ello sus compañeros tendrán que guiarlo y decirle hacia dónde tiene moverse.

El trío que termine antes sin pisar ningún cono gana.

Variante de progresión: dos compañeros se tapan los ojos y botan y el jugador que falta los tiene que guiar.

Observaciones	Ejercicio indicado para iniciación, para categorías mayores añadir elementos desequilibrantes, excluyendo aquellos que sean deslizantes para fortalecer las articulaciones del tobillo y la rodilla. Siempre calentar adecuadamente antes y sin correr para evitar lesiones. Fomenta el compañerismo y la confianza entre jugadores. Es recomendable usar los conos de plástico deformables para que si los niños los pisan no se hagan daño.

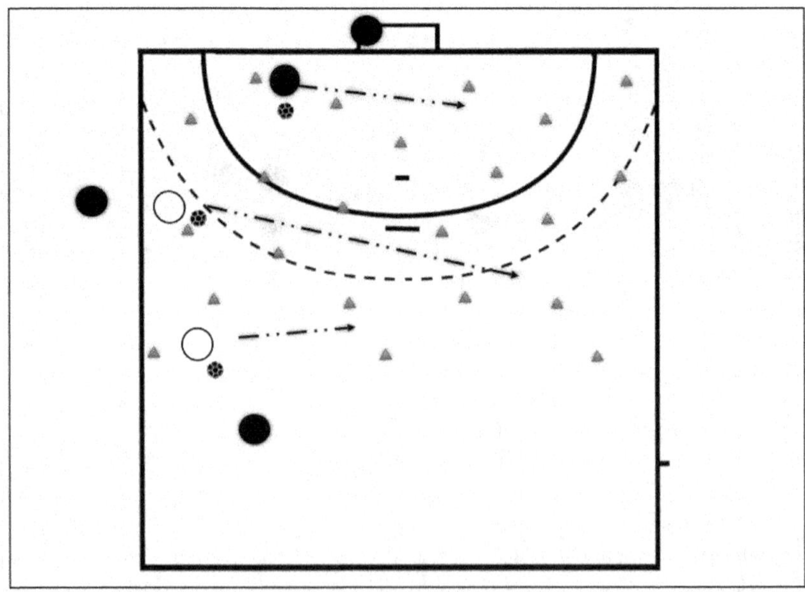

Ejercicio Nº 23	Medio TT Principal	Bote	
	Medios TT Secundarios	Desplazamientos	
Medios Técnico-Tácticos	Posición base, adaptación de balón, manejo de balón, desplazamientos, bote, pases y recepciones.		
Jugadores	4	Fase	Ataque
Material	Balones y conos	Tiempo	4'
Explicación			

Se divide el equipo en grupos de cuatro jugadores y cada grupo tiene un balón. Se colocan 5 conos por grupo en línea, empezando las carreras en el primero.

El primero del grupo lleva el balón hasta el primer cono, lo deja allí y vuelve, el segundo jugador corre hasta el balón, lo coge y botando se lo da al tercero del grupo que tiene que ir botando hasta el segundo cono y dejar el balón allí. Se continúa con la misma dinámica hasta el último cono.

Si los jugadores tienen más experiencia y nivel se recomienda hacer con dos balones. Una recomendación para implementar los pases y recepciones es que siempre se lleve un balón y cuando se alcance o se recoja el balón principal, se pase el segundo balón o se reciba, respectivamente. Si por el contrario queremos trabajar la coordinación podemos hacer que estén botando siempre un balón y que en los trayectos con el balón principal se boten los dos a la vez.

Observaciones	Se trabaja la velocidad y la coordinación, se recomienda hacer con alta intensidad.

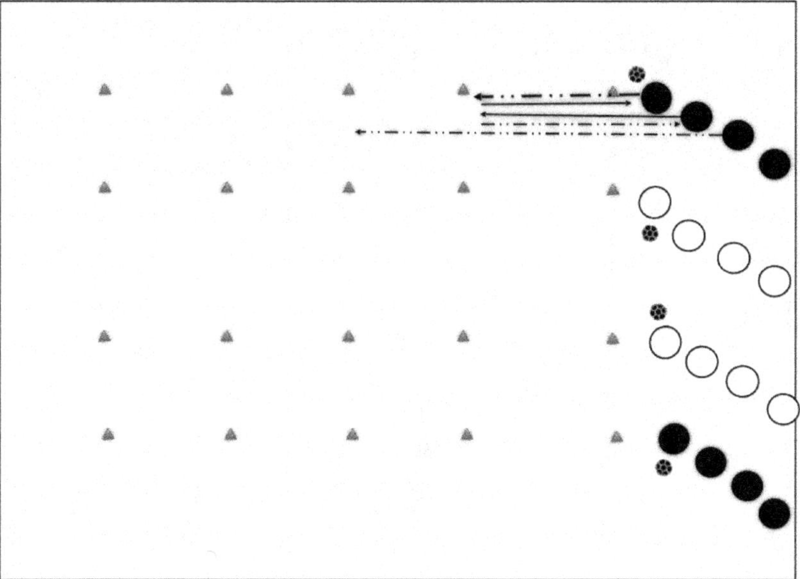

Ejercicio Nº 24	Medio TT Principal	Bote	
	Medio TT Secundario	Desplazamientos	
Medios Técnico-Tácticos	Posición base, adaptación de balón, manejo de balón, desplazamientos y bote.		
Jugadores	4	Fase	Ataque
Material	Balones y conos	Tiempo	5'
Explicación			

Juego "El transportista botador".

Los niños se ponen en grupos de 4, todos deberán tener un cono y un balón.

Los jugadores se colocarán en una banda y deberán ir a la contraria con un cono en la cabeza. Además tendrán que estar en continuo contacto con el compañero de delante (tocándole la espalda o cogiéndole la camiseta).

Gana el primer grupo que llegue a la otra banda sin que se le caiga el cono de la cabeza, se separe o se le vaya el bote del balón.

Observaciones	Para facilitar la tarea se pueden usar conos de plástico blando. Es un juego altamente cooperativo.

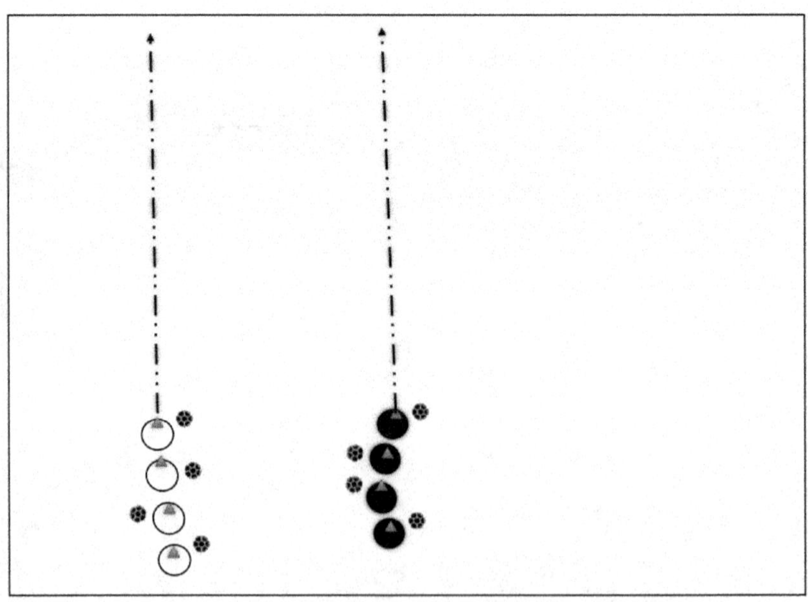

Ejercicio Nº 25	Medio TT Principal	Bote
	Medios TT Secundarios	Desplazamientos
Medios Técnico-Tácticos	Posición base, adaptación de balón, manejo de balón, desplazamientos, bote.	
Jugadores	4	Fase	Ataque
Material	Balones y conos	Tiempo	4'

Explicación
Similar al juego de las cuatro esquinas pero con cooperación de compañeros. En medio campo se hacen 5 grupos, 4 se colocan en las esquinas y uno en el centro. El objetivo es que el grupo botando consiga llegar a la misma esquina todos juntos antes de que llegue el otro grupo. El grupo que llegue el último a la esquina se queda en el centro. Cuando los grupos estén parados se realizan pases entre los jugadores del mismo hasta que el entrenador dé la orden de cambiar de esquina.

Observaciones	Variante: los jugadores deberán desplazarse todos cogidos de las manos, trabajando más la cooperación.

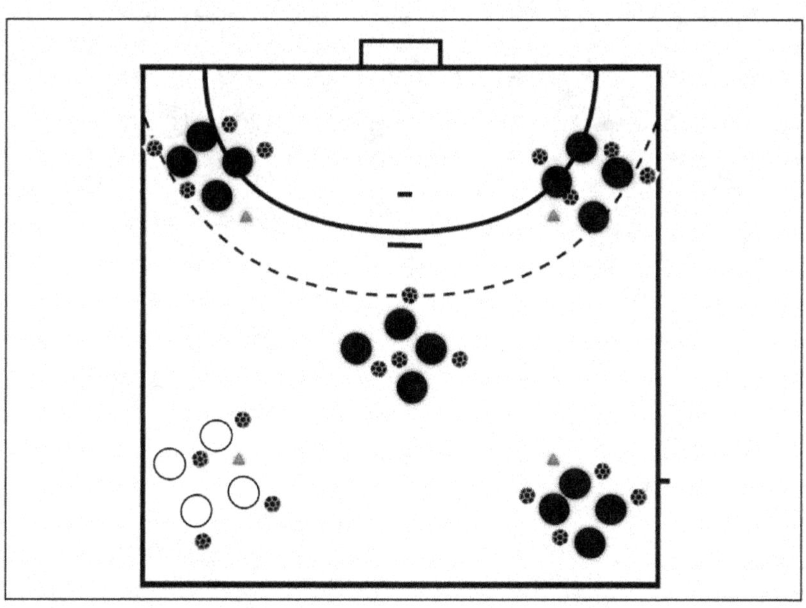

Ejercicio N° 26	Medio TT Principal	Bote
	Medios TT Secundarios	Pases y recepciones

Medios Técnico-Tácticos	Posición base, adaptación de balón, manejo de balón, desplazamientos, bote, pases y recepciones.		
Jugadores	-	Fase	Ataque
Material	Balones y conos	Tiempo	4'

Explicación

En el área 4 jugadores se la quedan haciendo "el cangrejo", el resto tendrán que esquivarlos botando.

Si los cangrejos tocan a un jugador, se tiene que convertir en cangrejo.

Los jugadores podrán salvar a un jugador pillado haciendo 4 pases seguidos encima de ellos pero los cangrejos tienen que pillarlos para poder ganar.

El juego termina cuando todos son cangrejos.

Observaciones	Juego de vuelta a la calma.

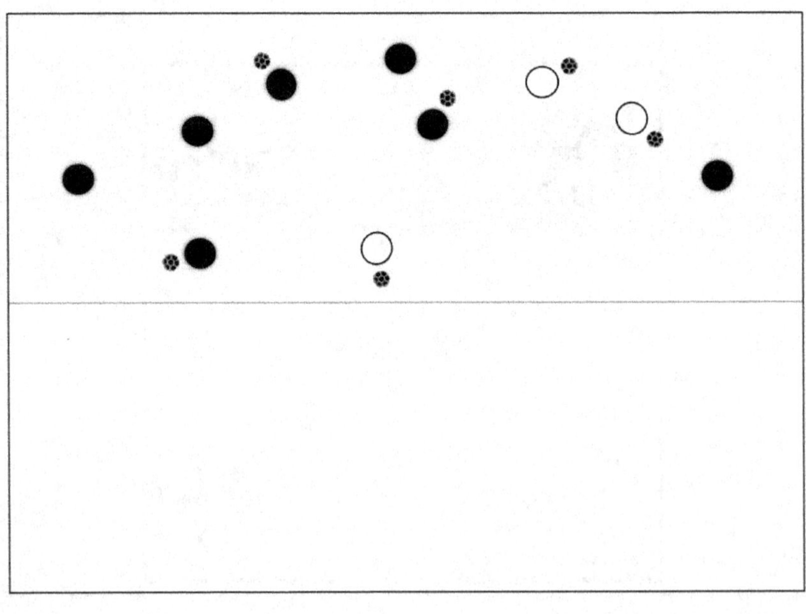

Ejercicio Nº 27	Medio TT Principal	Bote
	Medios TT Secundarios	Desplazamientos
Medios Técnico-Tácticos	Posición base, adaptación de balón, manejo de balón, desplazamientos, bote.	
Jugadores	5-6	Fase	Ataque
Material	Balones	Tiempo	5'
Explicación			

Todos los jugadores en círculo mirando hacia dentro botando dos balones.

Todos los jugadores deben botar el balón al mismo tiempo, cuando el entrenador lo indique los jugadores tienen que cambiar su puesto hacia la derecha, dejando sus balones y tomando los de su compañero volviéndolos a botar.

El grupo gana si consiguen dar una vuelta entera sin que se les caiga ningún balón.

Observaciones	Juego de coordinación con los compañeros.

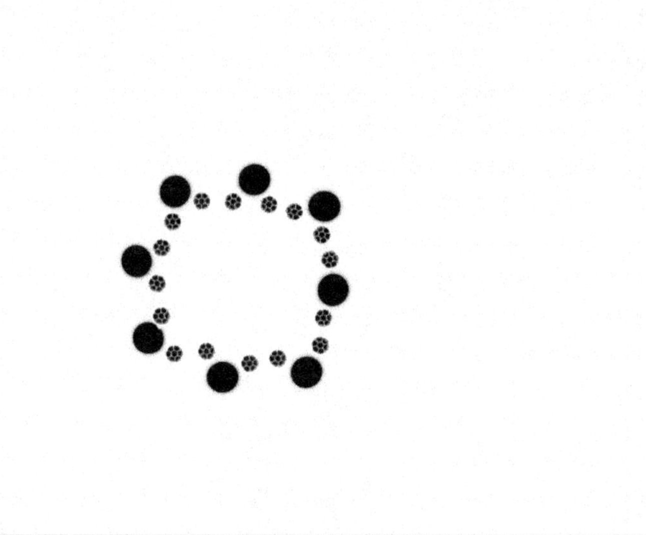

Ejercicio Nº 28	Medio TT Principal	Bote	
	Medio TT Secundario	Desplazamientos	
Medios Técnico-Tácticos	Posición base, adaptación de balón, manejo de balón, desplazamientos, bote..		
Jugadores	6	Fase	Ataque
Material	Balones, tiza y petos	Tiempo	5'
Explicación			

Último tres en raya.

A 10 metros de la línea de banda se hace un cuadrado compuesto por 9 cuadrados interiores. Se dividen en dos equipos de 3 personas cada uno y cada jugador con un balón.

El objetivo es conseguir el 3 en raya solo pudiendo mover los petos propios. Para ello un jugador de cada equipo saldrá con un peto (solo hay 3 petos por cada equipo) botando el balón hasta llegar a la zona pintada en el suelo para jugar. Cuando haya colocado el peto volverá botando y le tocará la mano a su compañero, que hará lo mismo que hizo el anterior.

El equipo que consiga antes el 3 en raya gana.

Observaciones	Variantes: el equipo se pone de acuerdo y es solo uno el que puede coger los petos, para llegar al aro tienen un balón y se tienen que mover mediante pases, no quedando eliminado si un jugador del equipo contrario les toca.

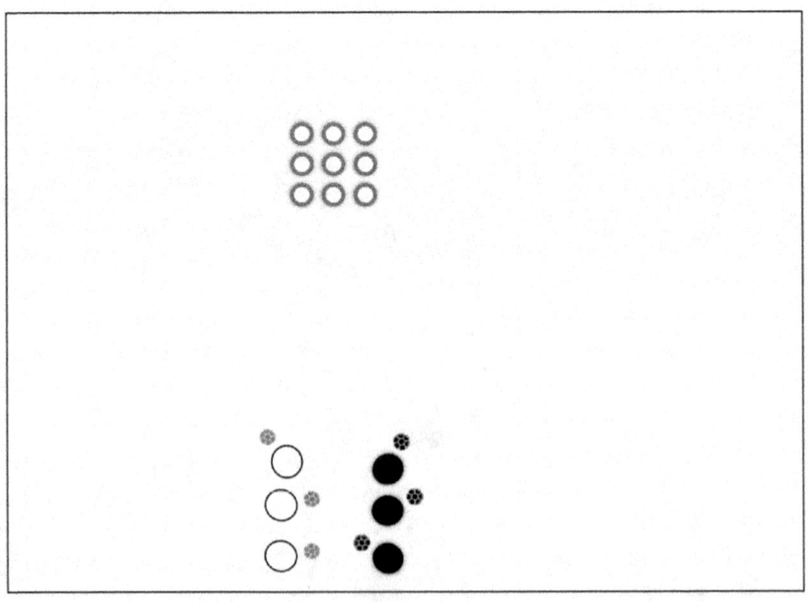

Ejercicio Nº 29	Medio TT Principal	Bote
	Medio TT Secundario	Desplazamientos
Medios Técnico-Tácticos	Posición base, adaptación de balón, manejo de balón, desplazamientos, bote, lanzamiento. Posición base, control visual, interceptación, control de oponente, marcaje, desplazamientos.	
Jugadores	10	Fase	Todas
Material	Balones, aros y petos	Tiempo	10'

Explicación

Una mitad del campo la dividimos en 2 partes. En cada mitad se coloca un equipo de 5 jugadores que defienden un aro al final de su campo y tiene un aro con dos pañuelos.

Todos los jugadores están botando el balón y cuando el entrenador pite tienen que ir a coger los pañuelos del contrario (solo vale coger uno cada vez) y si un jugador del otro equipo lo toca tiene que volver a su propio aro para volver a iniciar la captura.

El equipo que antes consiga los 4 petos se pone de acuerdo para enviar a 3 jugadores a lanzar a una portería con 5 aros pequeños, si consiguen que el lanzamiento entre por el aro consiguen un punto y el aro queda inutilizado, por lo que deben meter el balón en otro. Cuando estos terminen el otro equipo envía a otros tres jugadores a intentar conseguir puntos.

Gana quien más puntos consiga.

Observaciones	Variantes: el equipo se pone de acuerdo y es solo uno el que puede coger los petos, para llegar al aro tienen un balón y se tienen que mover mediante pases, no quedando eliminado si un jugador del equipo contrario le toca siendo el jugador poseedor de balón.

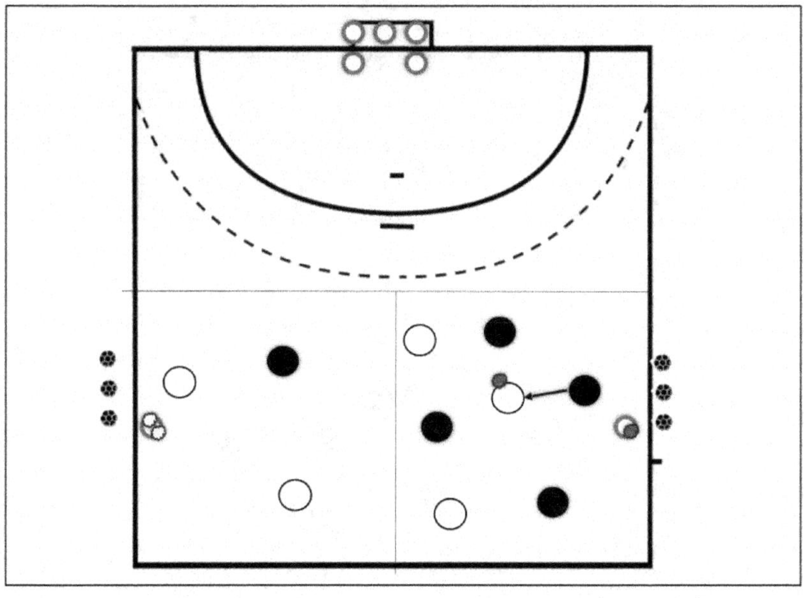

Ejercicio Nº 30	Medio TT Principal	Bote
	Medio TT Secundario	Desplazamientos

Medios Técnico-Tácticos	Posición base, adaptación de balón, manejo de balón, desplazamientos, bote. Desplazamientos, posición básica, interceptaciones, marcajes.		
Jugadores	-	Fase	Ataque-Defensa
Material	Balones, conos	Tiempo	7'

Explicación

Juego del gavilán.

En medio campo se colocarán dos defensores en la línea que divide el campo de juego en dos partes iguales. El resto de jugadores tiene un balón y estarán botando. El objetivo de los atacantes es pasar al otro campo y el de los defensores tocarlos (para que se conviertan en defensores) o interceptar su bote (en este caso se convertirán en atacantes y el atacante en defensor).

Observaciones	Variantes: los defensores se cogen de las manos para defender; los atacantes juegan por parejas pasándose el balón...

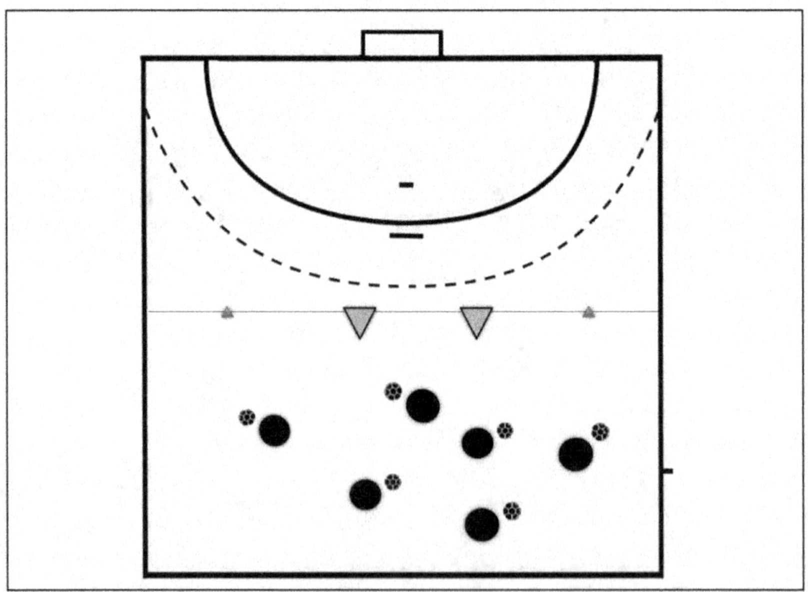

Ejercicio Nº 31	Medio TT Principal	Bote	
	Medio TT Secundario	Desplazamientos y lanzamiento	
Medios Técnico-Tácticos	Posición base, adaptación de balón, manejo de balón, desplazamientos, bote y lanzamiento		
Jugadores	-	Fase	Ataque
Material	Balones y tela	Tiempo	5'
Explicación			

Un balón y una tela (sirve también un peto) por jugador. Los jugadores se encuentran botando en el espacio de juego, medio campo. La tela se coloca en la parte lateral del pantalón del jugador.

El objetivo es, mediante el bote y los desplazamientos, robar las telas de los otros jugadores en un tiempo determinado que quiera el entrenador. Cada tela conseguida es un punto que se traducirá en un lanzamiento más.

Cuando se pare el juego los jugadores sin petos podrán tirar una vez a portería y los que tengan telas podrán tirar tantas veces como telas hayan robado más el lanzamiento inicial. Cada gol es un punto. El que consiga más puntos al final del juego gana.

Observaciones	El lanzamiento se puede hacer con portero o con objetos en la portería como conos o aros a los que tienen que apuntar.

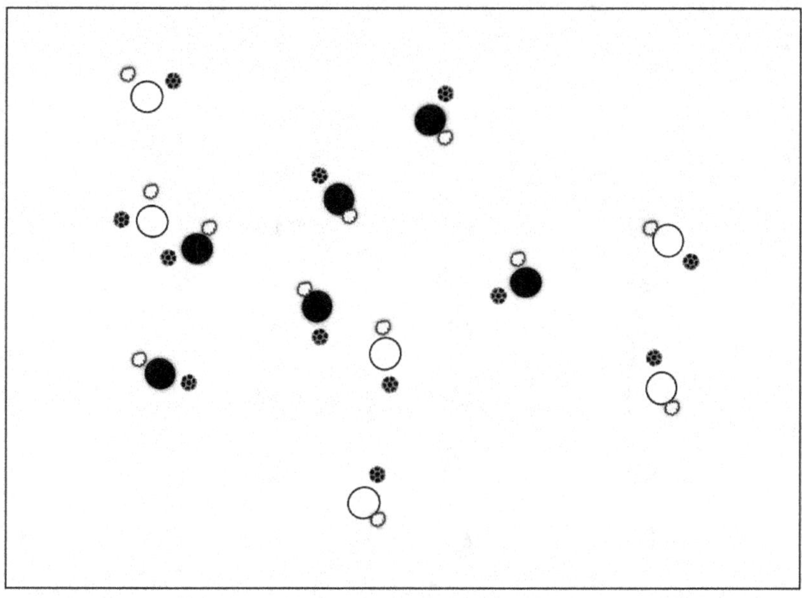

Ejercicio Nº 32	Medio TT Principal	Pases
	Medios TT Secundarios	Bote

Medios Técnico-Tácticos	Posición base, adaptación de balón, manejo de balón, desplazamientos, bote, pases y recepciones.		
Jugadores	6	Fase	Ataque
Material	Balones	Tiempo	7'

Explicación

Se hacen grupos de 6 jugadores que se colocan en fila india. El primer jugador se pone de cara al resto y tiene que pasar el balón al segundo, que se la devuelve y se sienta para que el primero se la pase al tercero, que hace lo mismo, se repite la dinámica hasta que el balón llegue al sexto. Cuando el balón llegue a este último tendrá que hacer zigzag botando entre sus compañeros y pasará a ser el pasador.

Se recomienda hacer carreras entre los distintos grupos en el ancho del campo.

Observaciones	Variante: se puede usar un balón medicinal para los pases; los compañeros pueden abrir los brazos para que el zigzag tenga más recorrido; se puede usar el largo del campo para que los pases sean más largos; etc.

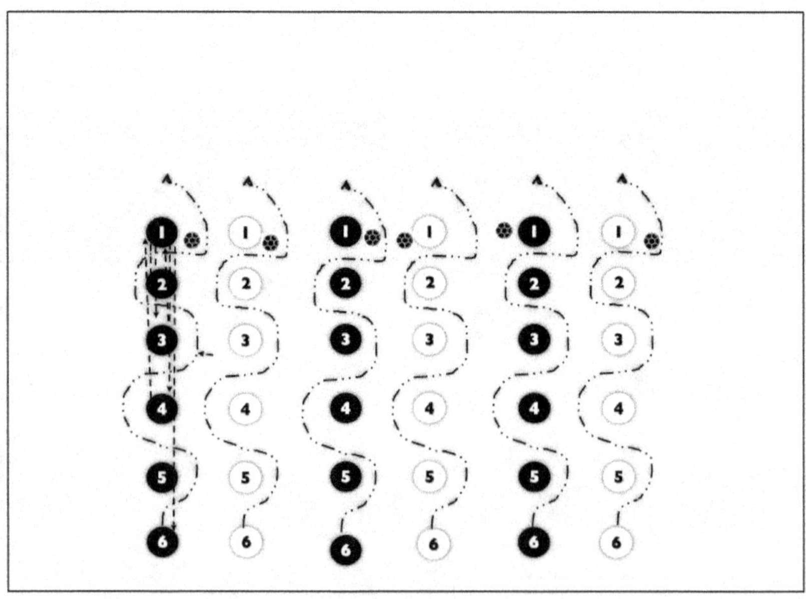

Ejercicio Nº 33	Medio TT Principal	Pases
	Medio TT Secundario	Bote y desplazamientos

Medios Técnico-Tácticos	Posición base, adaptación de balón, manejo de balón, desplazamientos, bote, pases y recepciones, desigualdad numérica, desmarque.		
Jugadores	-	Fase	Ataque
Material	Balones	Tiempo	2'

Explicación
Dos jugadores son perseguidores y llevan balón. El resto de jugadores tienen que escapar de los perseguidores. Cada uno de los perseguidores tiene un balón y para desplazarse deben hacerlo botando. El resto de jugadores deben intentar no ser tocados por los perseguidores y no pueden ser pillados si poseen balón. El grupo tendrá que pasarse dos balones entre ellos para evitar convertirse en perseguidor.

Observaciones	Cuanto menor es el espacio de juego, más pases y cambios de dirección.

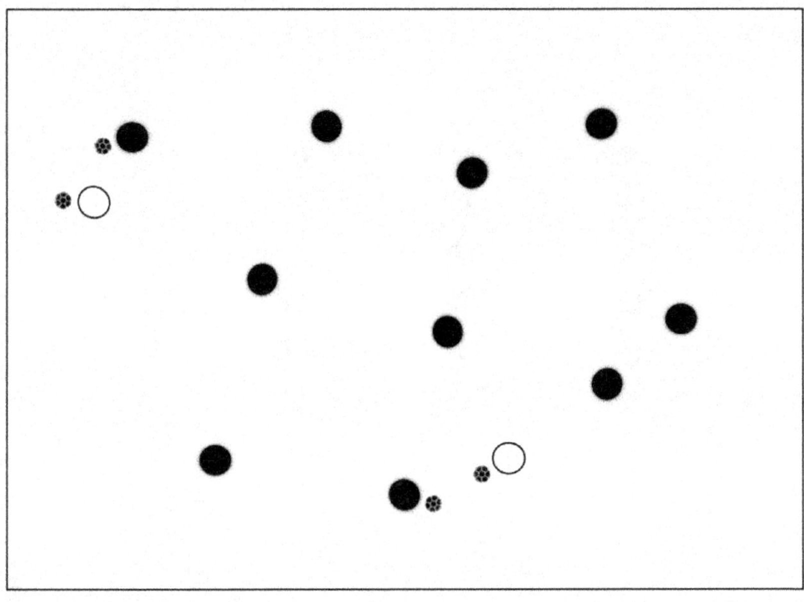

Ejercicio Nº 34	Medio TT Principal	Pases
	Medios TT Secundarios	Desplazamiento y Salto

Medios Técnico-Tácticos	Posición base, adaptación de balón, manejo de balón, desplazamientos, salto, pases y recepciones.		
Jugadores	6	Fase	Ataque
Material	Balones	Tiempo	7'

Explicación
Se hacen grupos de 6 jugadores que se colocan en fila india. El último jugador tiene balón y se la tiene que pasar al siguiente jugador, así hasta el final. Cuando el balón llegue al primer jugador todos menos el último jugador se agachan para que el último pase a la piola (salta por encima de sus compañeros que están agachados apoyándose en su espalda). Cuando el jugador ya haya saltado a sus compañeros pasa el balón hasta el último de la fila que vuelve a hacer lo mismo. Se recomienda hacer carreras entre los distintos grupos en el ancho del campo.

Observaciones	Se puede usar un balón medicinal para los pases y el último pase, el pase largo, se puede hacer rodando entre las piernas de los compañeros.

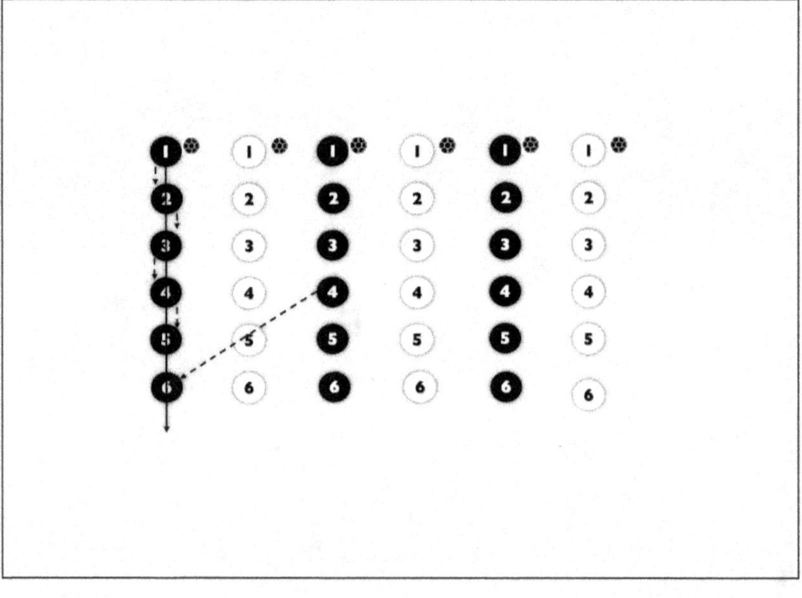

Ejercicio N° 35	Medio TT Principal	Pases
	Medio TT Secundario	Bote

Medios Técnico-Tácticos	Posición base, adaptación de balón, manejo de balón, desplazamientos, desmarques, pases y recepciones, 2x1.		
Jugadores	12	Fase	Ataque
Material	Balones	Tiempo	2'

Explicación

El espacio de juego es medio campo. Se hacen 3 parejas que se colocan en una banda y 6 jugadores más se distribuyen por el campo para ser apoyo.

Uno de la pareja actúa como perseguidor y otro como perseguido. El objetivo del perseguido es llegar a la banda contraria mediante pases con los apoyos, sin poder botar. El objetivo del perseguidor es tocar al perseguido desplazándose mediante el bote.

Las tres parejas saldrán a la vez así que se reducirá el número de jugadores al que pueden pasar el balón. Para evitar que dos jugadores se la pasen al mismo pasador tendrán que decir su nombre en voz alta.

Observaciones	Se puede añadir un jugador más que se pueda desplazar libremente y que trate de interceptar los balones hacia los pasadores, pero sin retener al perseguido, teniendo que atender a más estímulos.

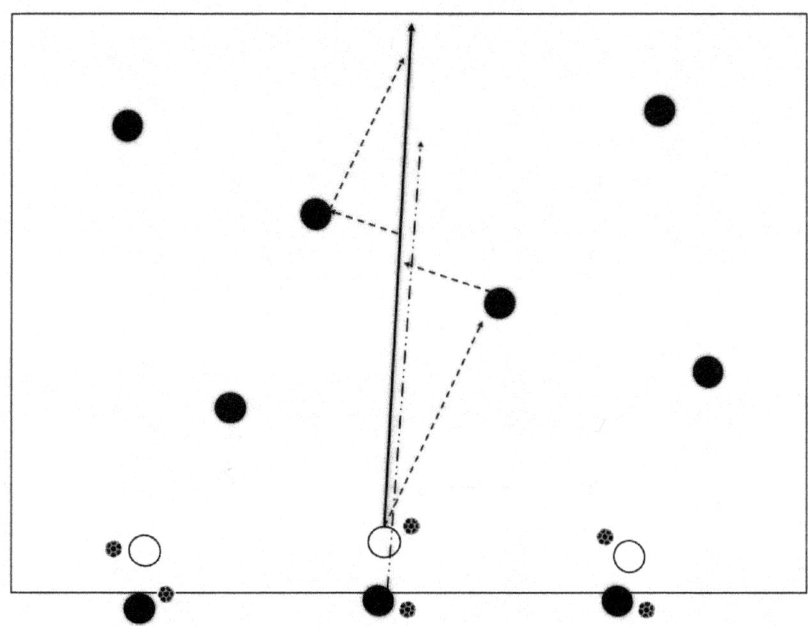

Ejercicio Nº 36	Medio TT Principal	Pases
	Medio TT Secundario	Desplazamientos

Medios Técnico-Tácticos	Posición base, adaptación de balón, manejo de balón, desplazamientos, pases y recepciones.		
Jugadores	5	Fase	Ataque
Material	Balones	Tiempo	4'
Explicación			

Disponemos a los jugadores en forma de cuadrado de modo que les separen diez metros. Por cada esquina del cuadrado se deberá colocar un jugador excepto desde donde parta el juego, aquí habrá dos jugadores.

Un jugador tiene balón. Le tiene que dar un pase a la fila de al lado e iniciar la carrera hacia la zona que pasa. El jugador que lo recibe se la tiene que devolver y a continuación se la pasa a la fila diagonal a su posición inicial. Se continúa con esta dinámica.

Una vez los jugadores hayan asimilado los pases y los desplazamientos se incluye un balón que parta del lado contrario y deberán tratar de alcanzar el balón contrario.

Observaciones	Se pueden añadir más postas y alterar el orden del pase. Para una variante de mayor nivel recomendamos que la estructura se haga en forma de estrella.

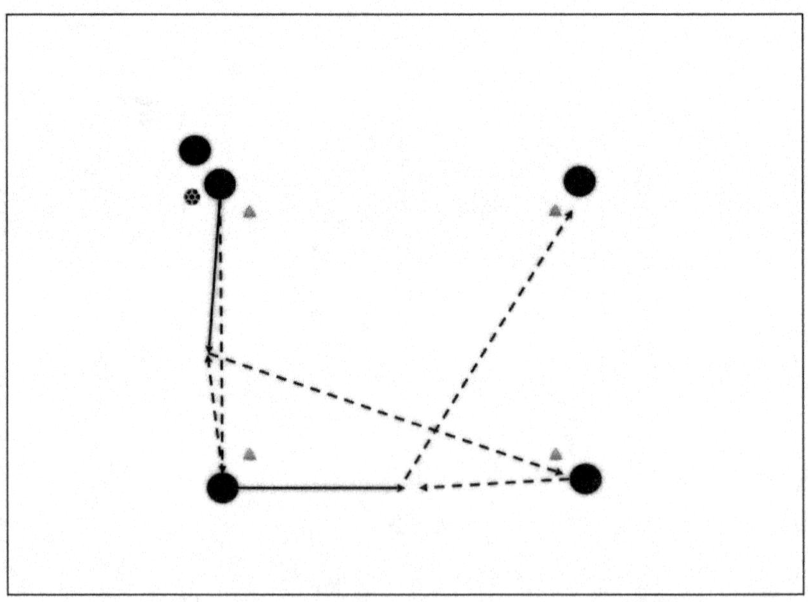

Ejercicio N° 37	Medio TT Principal	Pases
	Medio TT Secundario	Desplazamientos
Medios Técnico-Tácticos	Posición base, adaptación de balón, manejo de balón, desplazamientos, fintas, pases, recepciones, bote y penetraciones sucesivas. Desplazamientos, posición básica, control visual, interceptaciones, marcajes, disuasión, control oponente y fintas.	
Jugadores	8	Fase	Todas
Material	Balón y aros	Tiempo	10'

Explicación

Se hacen dos equipos. Se juega en el ancho del campo y en cada línea de banda se coloca un aro que sirve de portería.

Los dos equipos se enfrentan entre sí y el objetivo es poner el balón en el aro del equipo contrario (no se puede lanzar). Si la pelota se cae en una recepción o la defensa consigue hacer control de oponente, la posesión cambia al equipo contrario, al igual que si consiguen interceptar el balón.

El atacante solo podrá dar un bote.

Gana el equipo que más puntos consiga.

Observaciones	Para categorías menores es recomendable añadir un comodín y que cambie la posesión si la defensa toca al jugador con balón.

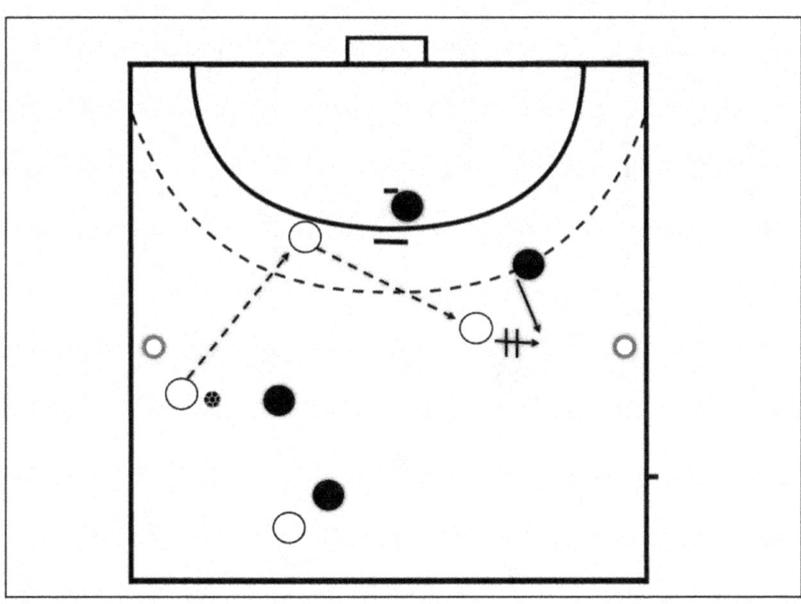

Ejercicio Nº 38	Medio TT Principal	Pases
	Medio TT Secundario	Desplazamientos

Medios Técnico-Tácticos	Posición base, adaptación de balón, manejo de balón, desplazamientos, bote, lanzamientos, pases y recepciones.		
Jugadores	-	Fase	Ataque
Material	Balones	Tiempo	10'

Explicación

Dos equipos enfrentados cada uno con balón. El objetivo es que mediante pases se toquen a los jugadores del equipo contrario, que se quedarán parados en el sitio donde les tocaron con la posición básica (piernas abiertas y rodillas flexionadas).

Para volver al juego una vez tocado es necesario que un jugador de su equipo pase por debajo de sus piernas.

Observaciones	Si la pista es de cemento o ruda en vez de pasar por debajo pueden tocar la cabeza de su compañero y se evitan quemaduras por rozamiento.

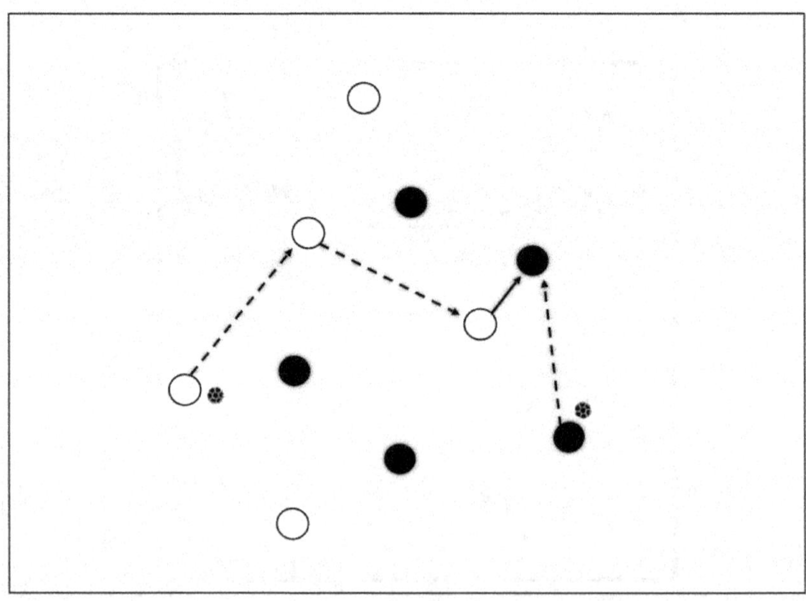

Ejercicio Nº 39	Medio TT Principal	Pases
	Medio TT Secundario	Desplazamientos e Interceptación
Medios Técnico-Tácticos	Posición base, adaptación de balón, manejo de balón, desplazamientos, lanzamientos, pases, recepciones. Desplazamientos, posición básica, control visual, interceptaciones, control de oponente, marcajes y disuasión.	
Jugadores	-	Fase	Ataque y Defensa
Material	Balón	Tiempo	10'

Explicación

Se hacen dos equipos y el equipo que ataque siempre tendrá un comodín. Para elegir el espacio de juego decidiremos en función de qué queremos priorizar, si es el ataque, cuanto más espacio es más fácil, para la defensa cuanto menos espacio menor dificultad.

El objetivo es que el ataque consiga 10 pases, mientras que la defensa tiene que tocar al adversario con balón o interceptar el balón para recuperar la posesión.

Observaciones	Variantes: poner reglas como no poder repetir pase a la misma persona, cambiar los tipos de pases (cuentan solo los pases en bote), todos los jugadores atacantes tienen que haber tocado el balón...

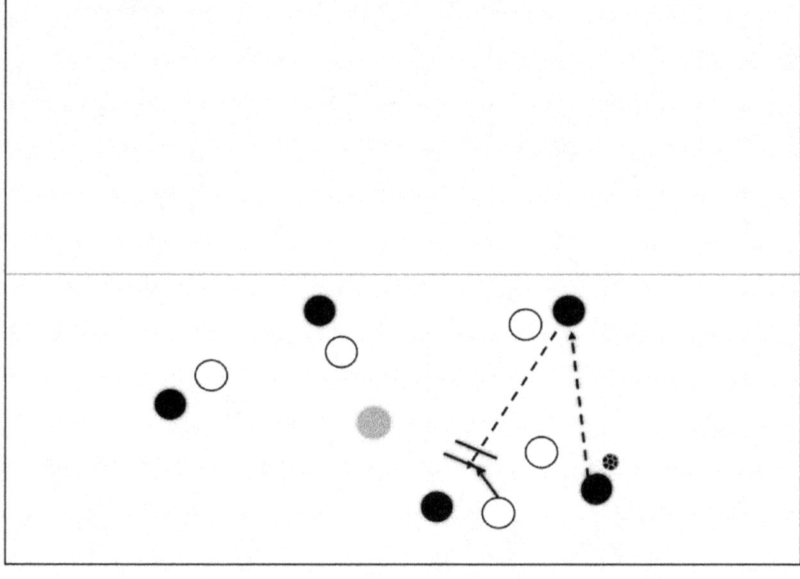

Ejercicio N° 40	Medio TT Principal	Pases	
	Medio TT Secundario	Desplazamientos	
Medios Técnico-Tácticos	Posición base, adaptación de balón, manejo de balón, desplazamientos, pases y recepciones.		
Jugadores	3	Fase	Ataque
Material	Balón	Tiempo	3'
Explicación			

Juego del Cortahilos.

Por tríos los jugadores se disponen en forma de triángulo, los jugadores se tienen que pasar el balón entre sí en un orden concreto. El objetivo del jugador que acaba de dar el pase es pasar entre sus otros dos compañeros antes de que termine de dar el pase, así sucesivamente.

Observaciones	Recomendable para el calentamiento ya que se tienen que desplazar rápidamente y se ejecutan gran número de pases.

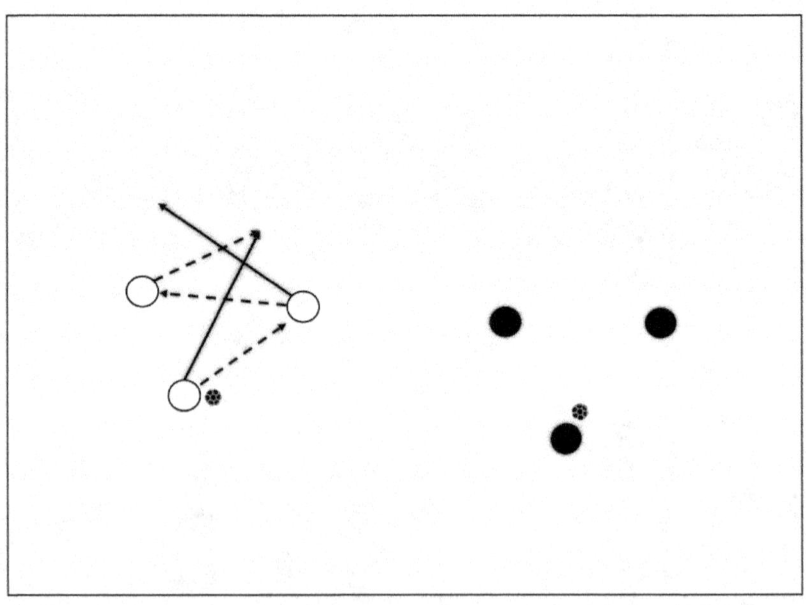

Ejercicio Nº 41	Medio TT Principal	Pases	
	Medio TT Secundario	Desplazamientos e Interceptación	
Medios Técnico-Tácticos	Posición base, adaptación de balón, manejo de balón, desplazamientos, lanzamientos, pases, recepciones. Desplazamientos, posición básica, control visual, interceptaciones, marcajes y disuasión		
Jugadores	-	Fase	Ataque y Defensa
Material	Balón y conos	Tiempo	10'
Explicación			

Se hacen dos equipos con igualdad de jugadores o con un jugador comodín de ataque (recomendado para iniciación). El espacio de juego lo dividiremos en zonas, podemos aprovechar las líneas pintadas o hacerlo mediante conos. Es recomendable en medio campo dividirlo en 5 zonas (si son menos jugadores reducir el espacio).

El objetivo es que el ataque consiga 10 pases pero que se realicen en distintas zonas del campo de juego, si no se cumple esta regla la posesión cambiará al otro equipo. La defensa tiene que evitar que el ataque realice los pases mediante la interceptación, disuasión, etc.

Observaciones	Variantes: poner reglas como no poder repetir pase a la misma persona, cambiar los tipos de pases (cuentan solo los pases en bote), el pase tienen que hacerlo saltando o recepcionarlo saltando...

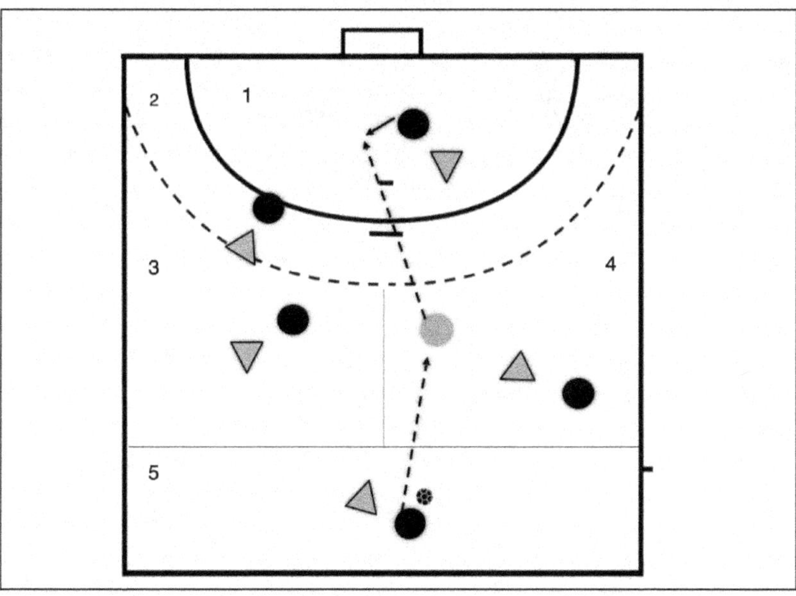

Ejercicio Nº 42	Medio TT Principal	Pases
	Medio TT Secundario	Desplazamientos e Interceptación

Medios Técnico-Tácticos	Posición base, adaptación de balón, manejo de balón, desplazamientos, lanzamientos, pases, recepciones. Desplazamientos, posición básica, control visual, interceptaciones, marcajes y disuasión.		
Jugadores	-	Fase	Ataque y Defensa
Material	Balón y conos	Tiempo	10'

Explicación

Se hacen dos equipos con igualdad de jugadores o con un jugador comodín de ataque (recomendado para iniciación). En el espacio de juego colocaremos 4 "porterías" de conos (separados un metro aproximadamente). Es recomendable que las porterías se coloquen de forma irregular en el terreno de juego).

El objetivo es que el ataque consiga 10 pases pero para que los pases se puedan contar tienen que ser en bote y que el balón pase entre los conos portería. La defensa tiene que interceptar el balón para recuperar la posesión y convertirse en atacantes.

Observaciones	Variantes: poner diferentes reglas, que la defensa pueda recuperar el balón si toca al atacante con balón, etc.

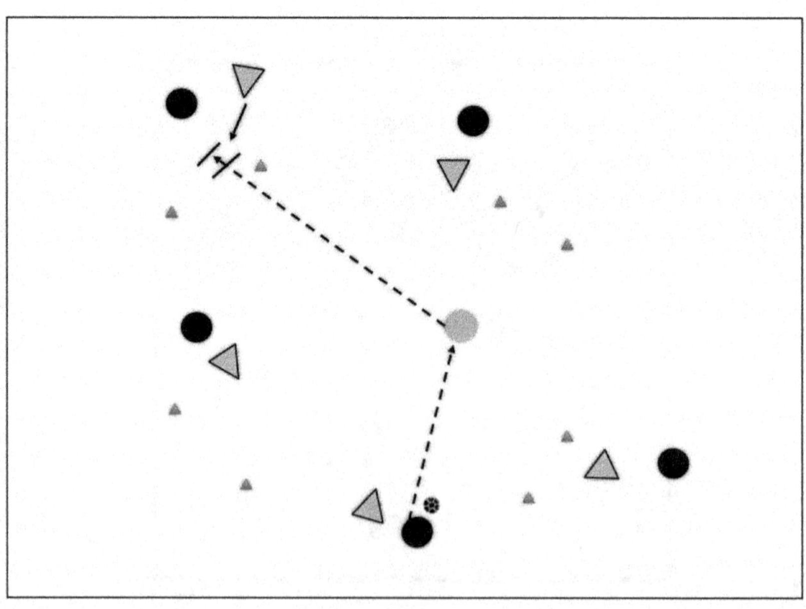

Ejercicio Nº 43	Medio TT Principal	Pases
	Medio TT Secundario	Desplazamientos y lanzamiento Interceptación y control de oponente
Medios Técnico-Tácticos	Posición base, adaptación de balón, manejo de balón, desplazamientos, bote, lanzamientos, pases y recepciones. Posición básica defensiva, control visual, desplazamientos, control de oponente, interceptación, marcaje y disuasión.	
Jugadores	-	Fase	Todas
Material	Balón, conos	Tiempo	2'

Explicación

Se hacen dos equipos con un comodín (solo ataca), los dos juegan a los diez pases con el añadido de que si los defensores tocan al atacante con balón, cambia la posesión, al igual que si se intercepta el balón o se cae de las manos del receptor.

El juego de los diez pases se da en la zona del área y los nueve metros. El resto del campo hasta el campo contrario se divide en 3 zonas longitudinalmente, dos laterales y una central. Cuando se complete el juego de los diez pases el equipo que lo logre saldrá con tres jugadores que ellos mismos decidan en contraataque, cada uno por una de las zonas, y el otro equipo correrá el repliegue con 3 jugadores, uno de los cuales será portero y los otros dos defensores que se podrán mover libremente para defender a los atacantes.

Los jugadores atacantes tienen que realizar el contrataque mediante pases y cuando lleguen a la zona de 9 metros se tienen que preparar para lanzar.

Observaciones	Se puede aumentar el número de jugadores que juegan en el repliegue aumentando las zonas del campo.

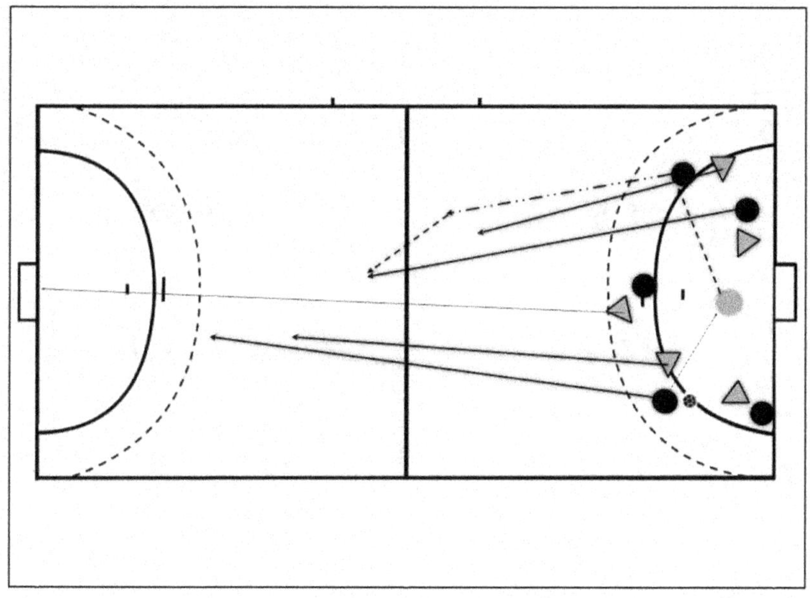

Ejercicio Nº 44	Medio TT Principal	Pases
	Medio TT Secundario	Desplazamiento y lanzamiento

Medios Técnico-Tácticos	Posición base, adaptación de balón, manejo de balón, desplazamientos, pase, recepción y lanzamiento. Portero		
Jugadores	6	Fase	Contraataque
Material	Balones	Tiempo	5'

Explicación

Dos porteros y el resto divididos por parejas, la primera pareja tiene dos balones y el resto de las parejas, uno y se dividen en los dos campos, colocándose en seis metros.

Una pareja de jugadores comienza a pasársela con desplazamiento, uno de los balones tiene que pasarse en bote y el otro por arriba. Cuando lleguen al medio campo el jugador que tenga el balón que se pase por arriba tendrá que pasársela a la pareja que tenga enfrente y abrirse hacia la banda hasta llegar a portería y finalizar a portería. La otra pareja cuando reciba el balón tiene que hacer lo mismo.

Observaciones	En iniciación temprana comenzar solo con un balón y sin finalización a portería, la siguiente parte sería que después del medio campo se reciba balón de un compañero de donde salió y, por último, el ejercicio anteriormente descrito.

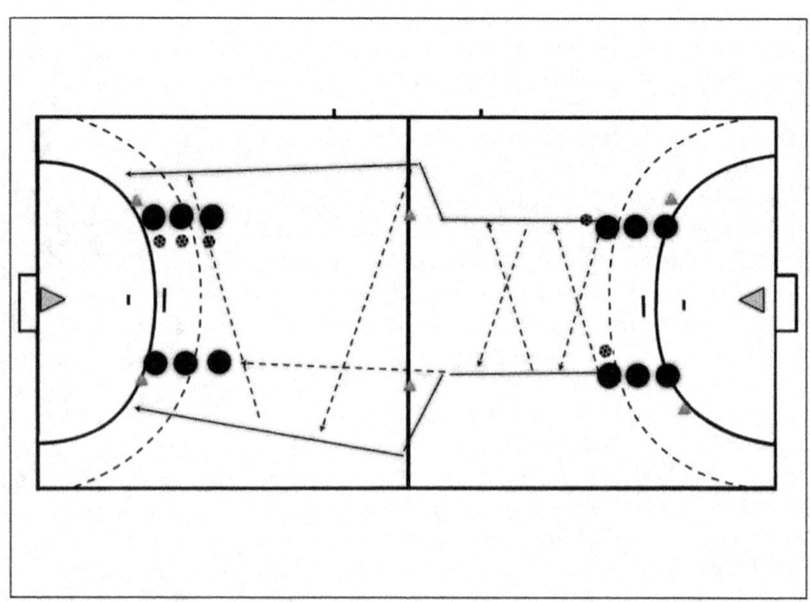

Ejercicio Nº 45	Medio TT Principal	Pases
	Medio TT Secundario	Desplazamiento y lanzamiento

Medios Técnico-Tácticos	Posición base, adaptación de balón, manejo de balón, desplazamientos, fintas, pases, pase, recepción, bote, fijaciones y lanzamiento. Desplazamientos, posición básica, control visual y blocaje. Portero		
Jugadores	-	Fase	Ataque y defensa
Material	Balones	Tiempo	10'

Explicación

Un portero, dos defensores, un pivote fijo, un central fijo y el resto de jugadores repartidos en los laterales.

Todos los laterales con balón a excepción del primero de una de las filas, también tendrá balón inicialmente el pivote.

El jugador con balón se la pasa al lateral, tras esto recibirá balón de pivote, fijará y le devolverá el balón al mismo. Mientras que esto ocurre el lateral pasa balón al lateral sin balón y este tendrá que finalizar, o bien con un lanzamiento exterior o bien fintando al defensa, que no puede usar las manos en el caso de que el jugador realice la finta. El siguiente jugador de esa fila le pasará el balón al central y recibirá balón del pivote igual que ocurrió en la otra parte.

Estas acciones se continúan por parte del resto de los jugadores.

Observaciones	Para añadir dificultad al ejercicio podemos hacer que el defensor pueda usar las manos si el atacante decide fintar en vez de tirar. A su vez se debe acotar el espacio de finalización. Para disminuir la dificultad se puede disminuir el movimiento de la defensa, de manera que se mueva hacia un lado justo antes de iniciar la finta y el atacante reaccione para atacar al contrario.

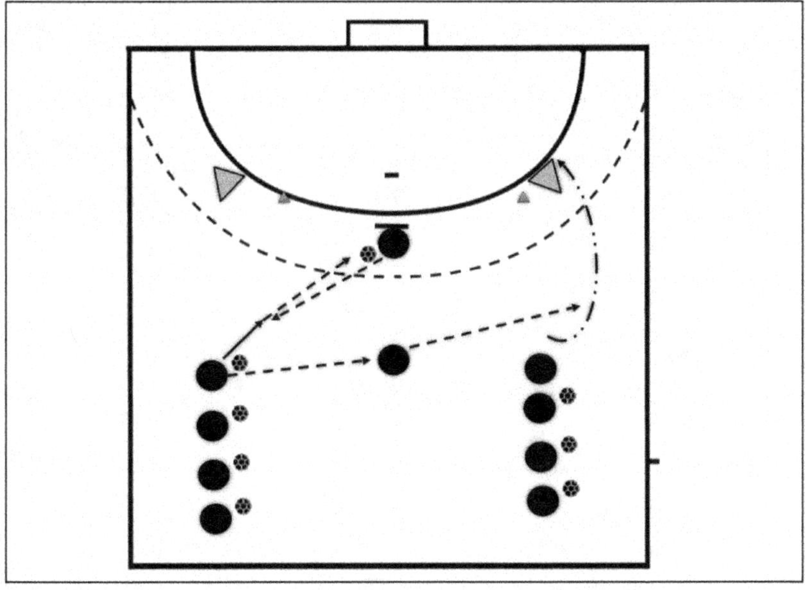

Ejercicio Nº 46	Medio TT Principal	Pases
	Medio TT Secundario	Desplazamiento y lanzamiento Interceptación y cambio de oponente

Medios Técnico-Tácticos	Posición base, adaptación de balón, manejo de balón, desplazamientos, fintas, pase, recepción, bote, penetraciones sucesivas, cruces, permutas y lanzamiento. Desplazamientos, posición básica, control visual, interceptaciones, marcajes, disuasión, control de oponente, cobertura, doblaje blocaje y cambio de oponente.		
Jugadores	10	Fase	Contraataque y repliegue
Material	Balones	Tiempo	13'

<table>
<tr><td colspan="2" align="center">Explicación</td></tr>
<tr><td colspan="2">

Juego de balonmano hierba.

Reducimos la distancia entre porterías de manera que estas se coloquen en los nueve metros. El campo de juego será el de balonmano aunque se reduzca la distancia entre porterías, por lo que se puede jugar detrás de estas, pero no marcar por detrás. El balón no se puede botar, en su defecto se puede hacer rodar por el suelo simulando la acción de bote. Se limita un cuadrado de 4x4 metros en el centro del campo para realizar los lanzamientos a portería. No existe portero fijo.

Los jugadores se reparten en dos equipos y mediante pases deben tratar de llegar a la zona de lanzamiento y finalizar con eficacia. Si en la zona de finalización un defensor del otro equipo te toca, no puede lanzar sino que se la tiene que pasar a un compañero. En la portería solo puede haber un jugador de ese equipo. Fuera de este cuadrado si los defensas hacen control de oponente recuperan el balón.

Se pueden hacer equipos de 5 personas y jugar un triangular con 6 minutos de partido, un descanso y la segunda parte de otros 6 minutos.

</td></tr>
<tr><td>Observaciones</td><td>Este juego está recomendado para todas las edades porque es altamente motivante.</td></tr>
</table>

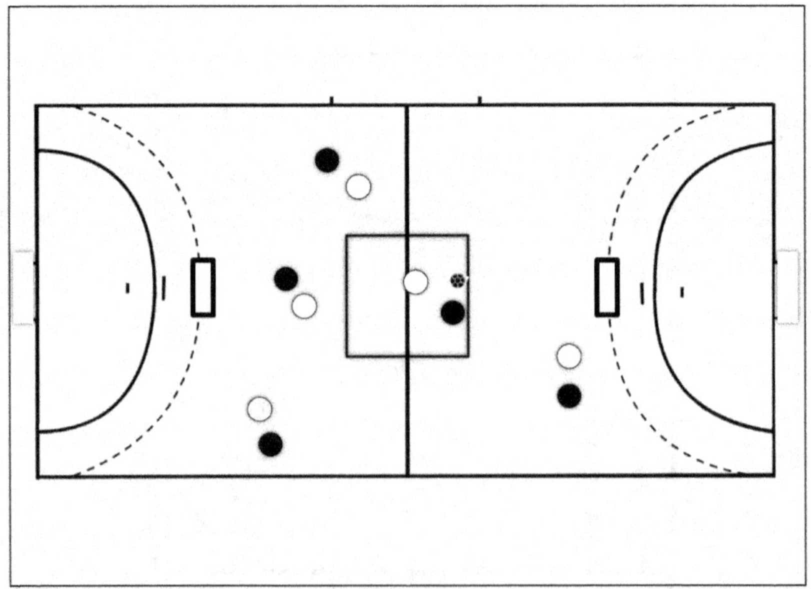

Ejercicio N° 47	Medio TT Principal	Pases
	Medio TT Secundario	Desplazamiento y lanzamiento Interceptación y cambio de oponente

Medios Técnico-Tácticos	Posición base, adaptación de balón, manejo de balón, desplazamientos, fintas, pase, recepción, bote, penetraciones sucesivas, cruces, permutas y lanzamiento. Desplazamientos, posición básica, control visual, interceptaciones, marcajes, disuasión, control de oponente, cobertura, doblaje, blocaje y cambio de oponente.		
Jugadores	10	Fase	Ataque y defensa
Material	Balones	Tiempo	5'

Explicación

Dividimos el campo en tres zonas mediante conos.

En una primera zona se encontrarán dos jugadores atacantes. En la segunda zona, en la linde con la primera zona se encontrarán dos defensas, y dentro de la zona se encontrará un atacante fijo al principio y un defensa. En la tercera zona se encontrarán 3 defensas y un atacante, además un metro antes y después del final se encontrará una zona de lanzamiento. A diez metros de esta zona final pondremos conos para que lancen (o bien un portero con una portería).

El principio del juego consiste en que los atacantes deberán pasársela hasta que encuentren un pase oportuno al atacante de la siguiente zona, sin que los defensas que se encuentran en la linde intercepten el balón. Una vez el balón haya pasado se incorporarán a la zona 2, donde cada atacante tendrá un defensor y todos se podrán mover, se la tendrán que pasar al jugador de la siguiente zona que se puede mover libremente pero tendrá un defensor. Una vez consigan el pase, pasarán los 3 atacantes a la 3ª zona, donde los defensas podrán hacer control de oponente. Los atacantes deberán llegar a la zona de lanzamiento y lanzar hacia los conos, si aciertan consiguen un punto.

Observaciones	Evitar que los defensas de la zona 1 y 2 hagan control de oponente. Si un defensa toca a un jugador en la zona de lanzamiento no podrá lanzar.

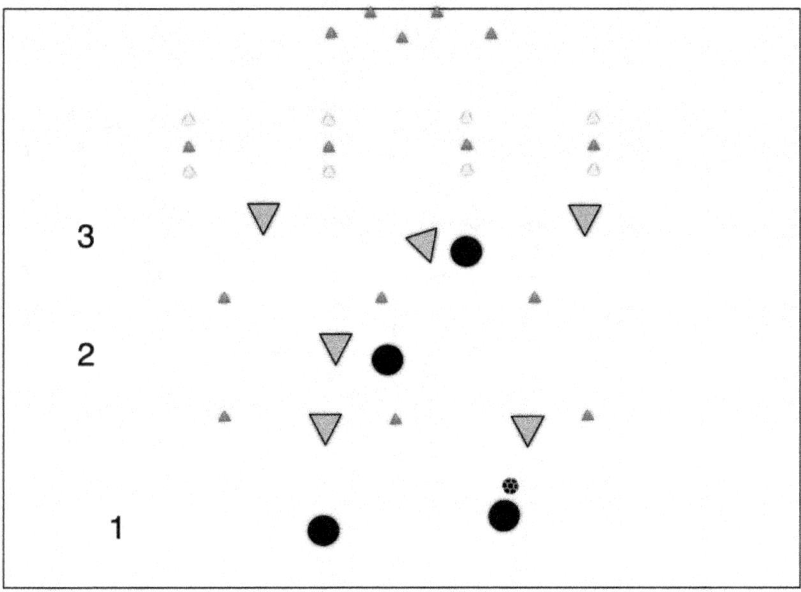

Ejercicio Nº 48	Medio TT Principal	Pases	
	Medio TT Secundario	Desplazamiento y lanzamiento	
Medios Técnico-Tácticos	Posición base, adaptación de balón, manejo de balón, desplazamientos, fintas, pases, 4x3, pase, recepción, bote, penetraciones sucesivas, cruces, permutas y lanzamiento. Desplazamientos, posición básica, control visual, interceptaciones, marcajes, disuasión, control de oponente, blocaje y cambio de oponente. Portero		
Jugadores	9	Fase	Contraataque y repliegue
Material	Balones	Tiempo	2'
Explicación			

Dos porteros, tres defensores, tres atacantes y un comodín.

Los atacantes y defensores partirán desde el mismo campo. Mediante un pase del portero tendrán que recibir el balón en contraataque los atacantes, no el comodín. Una vez los atacantes hayan recibido el balón deberán realizar junto al comodín el contraataque hacia la portería contraria y tratar de finalizar en un 1x0 contra el portero.

La defensa debe intentar interceptar el balón y hacer control de oponente. Si los defensas consiguen recuperar el balón, pasarán a ser atacantes y deberán atacar a la portería desde la que se inició el repliegue y contarán con la ayuda del comodín para finalizar.

Observaciones	En la portería contraria desde donde se inicia el contraataque se recomienda tener un balón cercano para que una vez se realice el lanzamiento se ejecute un contraataque rápido de los que anteriormente eran defensores.

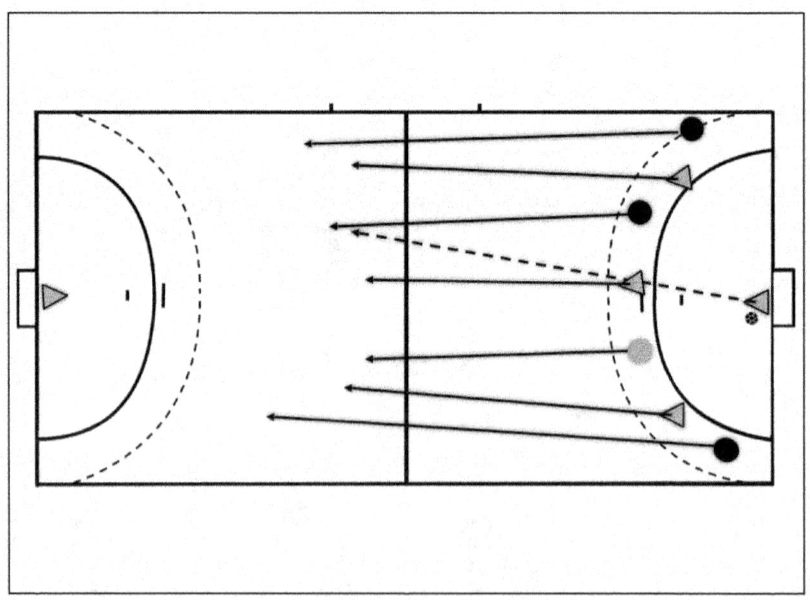

Ejercicio N° 49	Medio TT Principal	Lanzamiento
	Medio TT Secundario	Pases y bote Interceptación y control de oponente
Medios Técnico-Tácticos	Posición base, adaptación de balón, manejo de balón, desplazamientos, fintas, pases, 1x1, pase, recepción y lanzamiento. Desplazamientos, posición básica, control visual, interceptaciones, marcajes, disuasión, control de oponente, blocaje, fintas, cobertura, ayudas, doblaje, cambio de oponente, penetraciones sucesivas y basculación. Portero	
Jugadores	14	Fase	Todas
Material	Balón	Tiempo	5'

Explicación

Ídem al ejercicio anterior pero los jugadores continuarán contraatacando y replegándose hasta que se enfrenten 6 vs 6. El equipo que logre más goles en los contraataques atacará, una vez finalizadas las fases transitorias de 6 contra 6, en una fase posicional de forma libre.

Variante: dividir el ataque posicional en tres zonas, las dos lateral-extremo y la central pivote. Empezar de forma escalonada e intentar finalizar en menos de 6 pases.

En el último ataque de 6 vs 6 el comodín desaparece.

Observaciones	Empezar por los jugadores que suelan realizar el contraataque, en el caso de las categorías sin defensa zonal ir variando el orden de los jugadores. Recomendado en categorías iniciales para trabajar el físico.

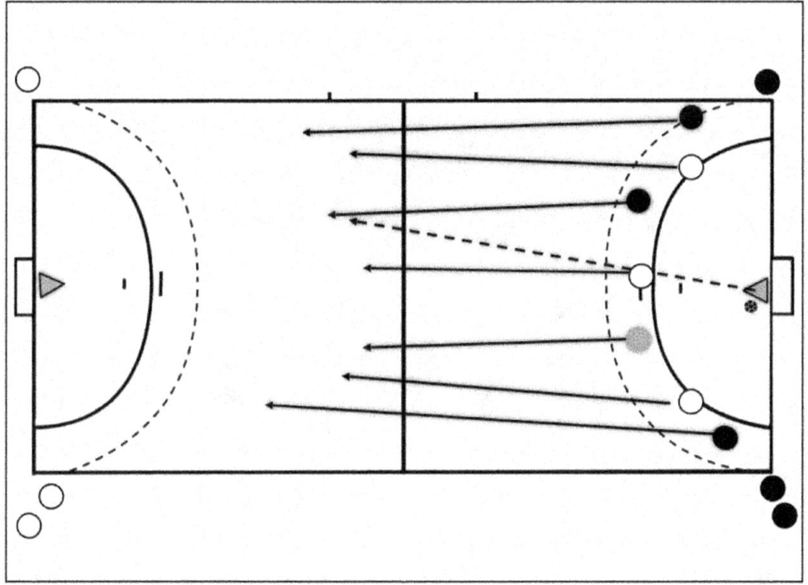

Ejercicio N° 50	Medio TT Principal	Lanzamiento
	Medio TT Secundario	Bote

Medios Técnico-Tácticos	Posición base, adaptación de balón, manejo de balón, desplazamientos, bote, lanzamiento y recepciones.		
Jugadores	-	Fase	Ataque
Material	Balones	Tiempo	10'

Explicación
Un balón por jugador. Los jugadores se encuentran botando en el área (dependiendo del nivel podremos aumentar el campo de juego) y el entrenador con ellos. El entrenador tira el balón hacia arriba y grita un nombre, el jugador al que nombre tendrá que coger el balón y el resto alejarse. Cuando coja el balón dirá "pies quietos" y el resto se tienen que quedar quietos. El jugador con balón tiene que lanzar el balón al jugador que quiera o al que esté más cerca, que irá perdiendo puntos.

Observaciones	Variantes: al jugador que le dé el balón se va quedando sin partes que usar, primero un brazo, luego una pierna, etc.

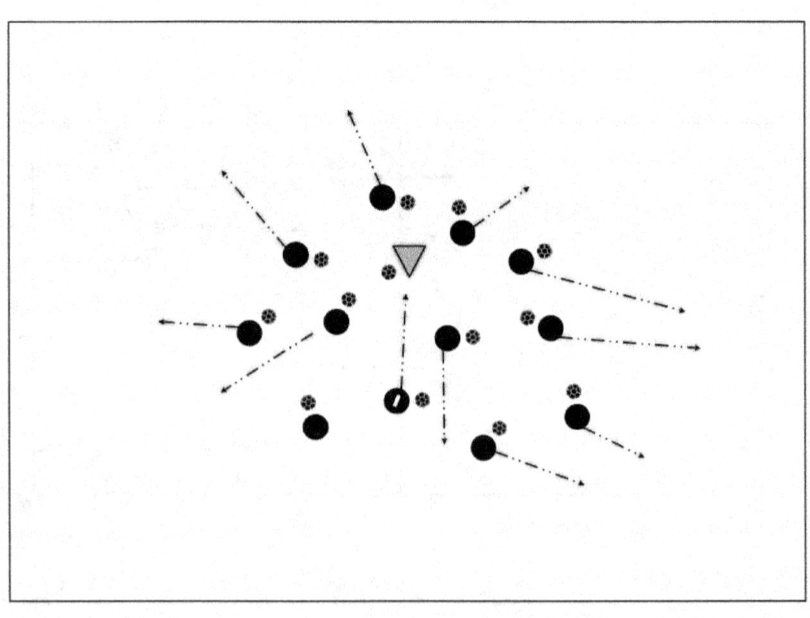

Ejercicio Nº 51	Medio TT Principal	Lanzamiento	
	Medio TT Secundario	Bote	
Medios Técnico-Tácticos	Posición base, adaptación de balón, manejo de balón, desplazamientos, bote, pases recepciones y lanzamientos.		
Jugadores	-	Fase	Ataque/Contraataque
Material	Balón normal y de gomaespuma	Tiempo	10'
Explicación			

Dividimos a los jugadores en dos grupos, un grupo hará de lanzador y se pondrá en las bandas y el otro grupo hará de corredor y tendrá que atravesar la pista.

Todos los jugadores corredores tendrán balón y tendrán que cruzar el campo botando y esquivando los balones de los lanzadores.

Cada uno de los lanzadores tendrán 4 o 5 balones de gomaespuma y tendrán que dar un pase antes de poder lanzar a los corredores.

Cuando los lanzadores le den a un corredor este pasará a formar parte de los lanzadores hasta que no quede ningún corredor, luego cambiarán de rol los equipos.

Observaciones	Para las categorías inferiores acercar las filas de los lanzadores en vez de colocarse en las bandas para facilitar los pases entre ellos.

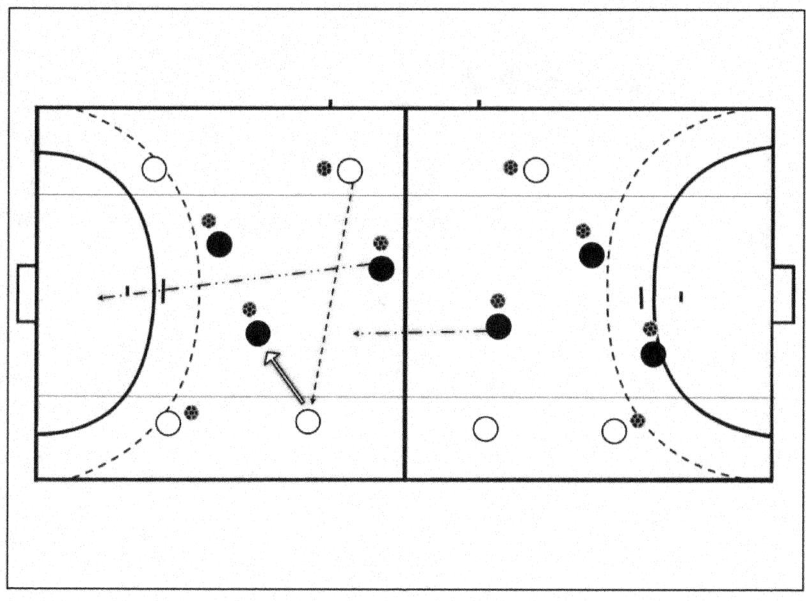

Ejercicio N° 52	Medio TT Principal	Lanzamiento
	Medio TT Secundario	Bote

Medios Técnico-Tácticos	Posición base, adaptación de balón, manejo de balón, desplazamientos, bote y lanzamientos. Porteros		
Jugadores	-	Fase	Contraataque
Material	Balones	Tiempo	5'

Explicación

Un portero en cada portería. Todos los balones en el centro del campo.

Se dividen a los jugadores en dos equipos y cada grupo se coloca en una banda antes del centro del campo (los equipos atacan a porterías distintas).

Cuando el entrenador lo indique el primer jugador tiene que salir corriendo hasta mitad de campo, coger el balón, botar hasta portería y tirar. Una vez haya tirado tiene que correr hacia sus compañeros para darle el relevo y que haga lo mismo.

Gana el equipo que más goles marque, en caso de que empaten el equipo que haya terminado antes ganaría.

Observaciones	Juego recomendado para el final del entrenamiento como vuelta a la calma.

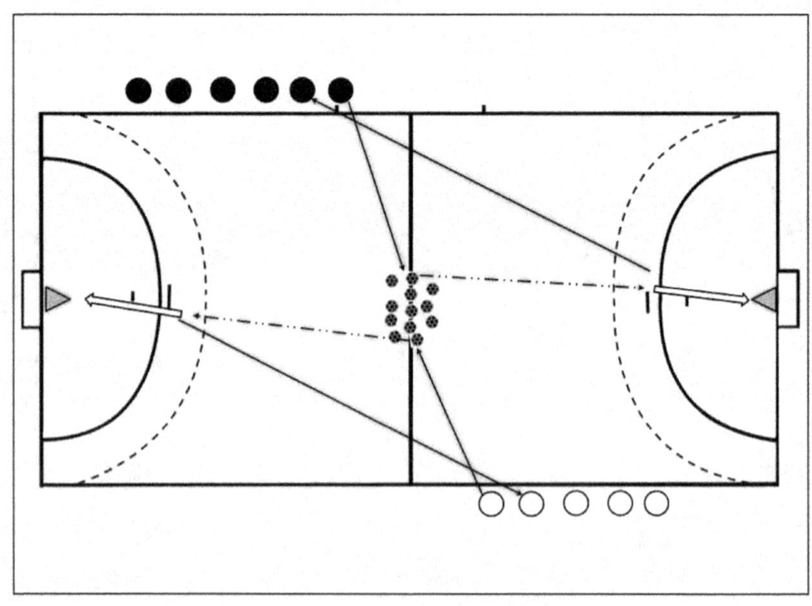

Ejercicio Nº 53	Medio TT Principal	Lanzamiento	
	Medio TT Secundario	Pases e interceptaciones	
Medios Técnico-Tácticos	Posición base, adaptación de balón, manejo de balón, desplazamientos, pases, fintas, lanzamiento y recepciones. Posición base, desplazamientos, control visual, interceptaciones, marcajes, disuasión blocajes.		
Jugadores	7	Fase	Ataque y defensa
Material	Balón y conos	Tiempo	10'
Explicación			

Protege el diamante.

Se hacen dos círculos alrededor de un cono, uno a un metro y medio del cono y otro a 3 metros del cono. El círculo interior lo defenderá una persona y el exterior, 2 personas.

Cuatro jugadores atacantes se colocan fuera de los círculos.

El objetivo de los atacantes es pasársela entre ellos hasta encontrar la oportunidad para lanzar al cono sin que la defensa le intercepte el tiro.

Observaciones	Para facilitar la tarea para el ataque se pueden añadir más jugadores atacantes u otro balón.

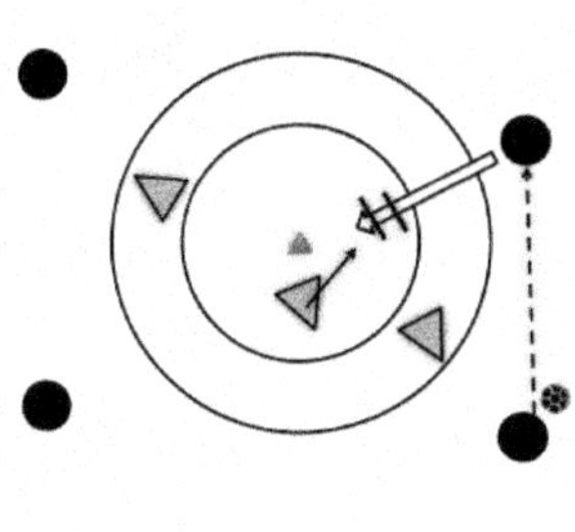

Ejercicio Nº 54	Medio TT Principal		Lanzamiento
	Medio TT Secundario		Pases e interceptaciones
Medios Técnico-Tácticos	Posición base, adaptación de balón, manejo de balón, desplazamientos, pases, fintas, 3x1 y recepciones. Posición base, desplazamientos, control visual, interceptaciones, marcajes, disuasión, control de oponente.		
Jugadores	4	Fase	Ataque y defensa
Material	Balón	Tiempo	5'
Explicación			

Que no te pillen la espalda.

Se hacen grupos de 4 personas, tres se disponen en triángulo y uno se dispone en el centro.

Los jugadores que forman parte del triángulo se pasan el balón entre ellos y tienen que tocar la espalda del jugador del centro.

El jugador del centro tiene que hacer golpe franco y/o robar el balón, en ese caso se cambiará de rol.

Observaciones	Se pueden añadir más reglas como que si se cae el balón en una recepción se cambie la defensa, que los pases sean en bote, etc.

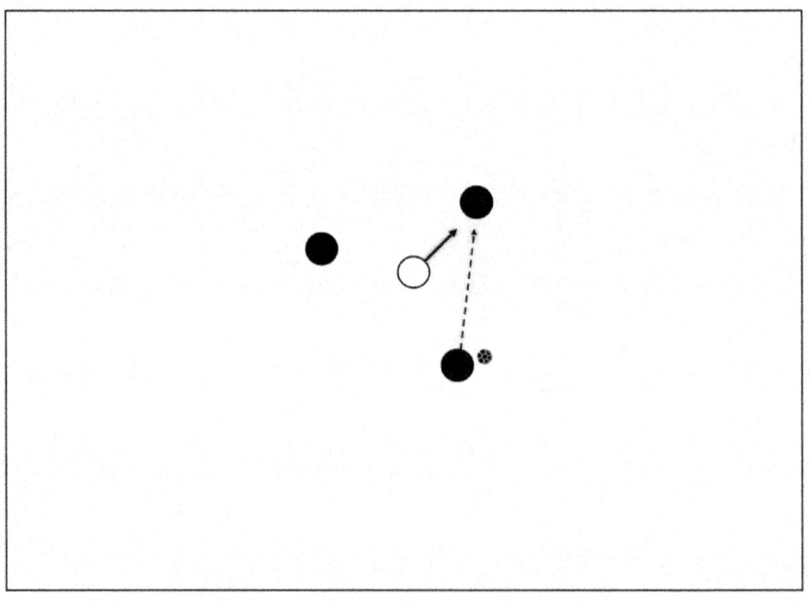

Ejercicio Nº 55	Medio TT Principal	Lanzamiento	
	Medio TT Secundario	Desplazamientos	
Medios Técnico-Tácticos	Posición base, adaptación de balón, manejo de balón, desplazamientos, lanzamiento y recepciones.		
Jugadores	-	Fase	Ataque
Material	Balones	Tiempo	2'
Explicación			

Juego del desalojo.

Se hacen dos equipos donde cada uno se sitúa en un campo. Cada equipo tiene el mismo número de balones en su medio campo, el objetivo es que en un tiempo estipulado se desalojen todos los balones posibles de tu campo lanzándolos al campo contrario.

Se puede ganar de dos formas:

La tradicional, donde gana quien tiene menos balones en su campo.

Una alternativa que proponemos para practicar la puntería y fuerza en el lanzamiento que consiste en que cuando se consiga meter el balón en la portería contraria se consiguen 5 puntos más y cuando se termine el tiempo cada balón de más que esté en el campo contrario son 20 puntos más.

Observaciones	En tiempos prolongados los niños se fatigan, por lo que es recomendable hacerlo varias veces en tiempos más cortos. Se puede practicar la precisión poniendo conos por los campos.

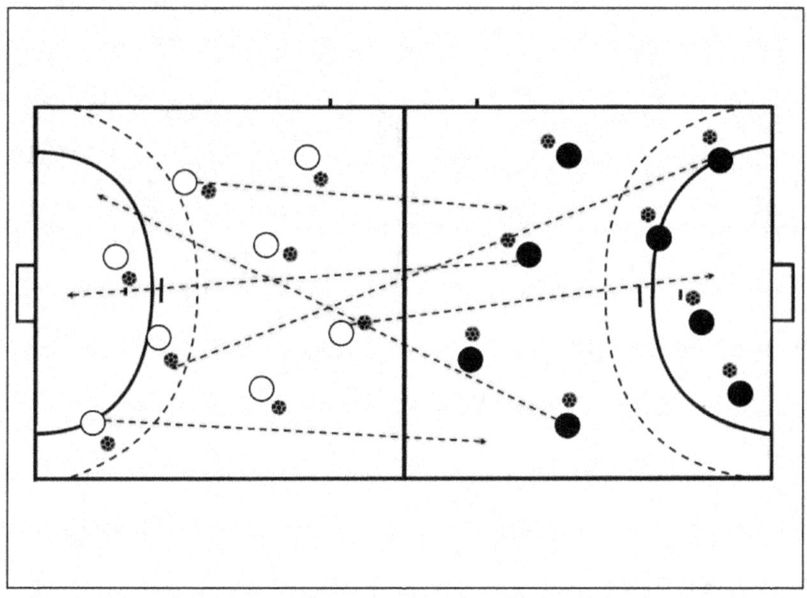

Ejercicio Nº 56	Medio TT Principal	Lanzamiento
	Medio TT Secundario	Recepción y parada
Medios Técnico-Tácticos	Posición básica defensiva, adaptación de balón, manejo de balón, lanzamiento y paradas (portero)	
Jugadores	2	Fase	Ataque
Material	Balones	Tiempo	20'

Explicación

Las porterías se acercarán entre ellas dependiendo del nivel de los jugadores, pero el centro seguirá siendo el centro del campo.

Se hará un torneo en el que se enfrentan un 1x1. Al lado de las porterías habrá balones de reserva. El juego consiste en un intercambio de lanzamientos de portería a portería, no simultáneo, en el que el objetivo es que no marquen en tu portería pero sí marcar tú.

El resto de jugadores estarán recogiendo los balones que vayan fuera de las porterías para dejarlos al lado.

Es recomendable tener dos campos de juego simultáneos.

Los partidos durarán dos tiempos de 2 minutos con 30 segundos de descanso. Los jugadores pueden moverse hasta el medio campo. Una vez que el lanzamiento llegue a la otra portería el jugador contrario puede tirar, ya sea porque ha parado el balón o porque el lanzamiento ha ido fuera y coge un balón de los laterales. Las paradas se pueden hacer con todas las partes del cuerpo.

Observaciones	Para hacerlo más motivante es recomendable hacer un torneo en el que los ganadores se enfrenten contra los ganadores y los perdedores contra los perdedores. Si además añadimos la posibilidad de que un perdedor por suerte pueda enfrentarse a un ganador y quitarle el puesto el juego se hace mucho más motivante.

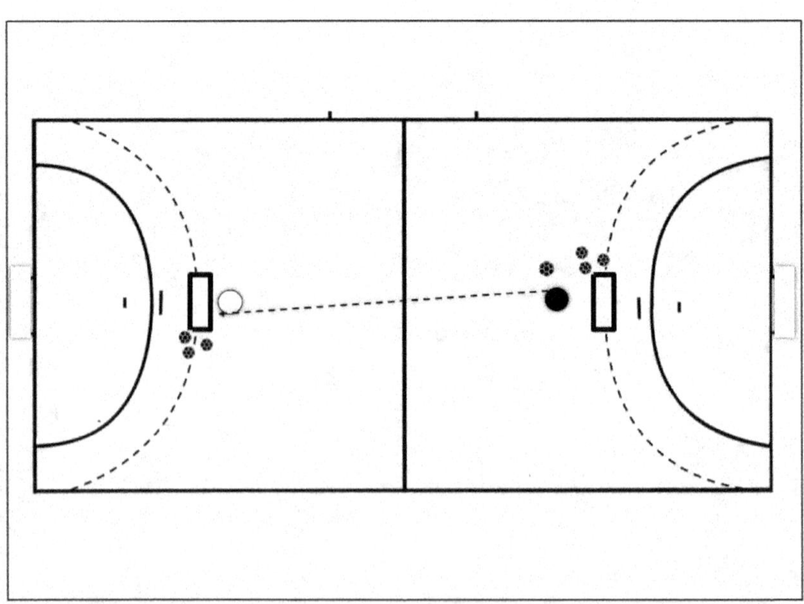

Ejercicio Nº 57	Medio TT Principal	Lanzamiento	
	Medio TT Secundario	Desplazamientos	
Medios Técnico-Tácticos	Posición base, adaptación de balón, manejo de balón, desplazamientos, bote, lanzamientos, pases y recepciones.		
Jugadores	-	Fase	Ataque
Material	Balón, conos	Tiempo	2'
Explicación			

Juego del matar.

Se dividen los jugadores en dos equipos (si son muchos jugadores dividirlos en dos grupos y cada grupo en dos equipos). Se juega en un campo que dividiremos en dos, una para cada equipo y detrás de estas habrá un "campo de muertos" del equipo contrario.

El objetivo de los atacantes es que el balón toque al jugador contrario, sin embargo, si el jugador contrario recepciona el balón correctamente el que pierde será el que lanzó el balón. En estos casos el jugador tendrá que ir al "campo de muertos" donde podrá volver a su campo si al lanzar el balón impacta contra un jugador del equipo contrario.

Otras reglas: para aproximarse a la línea que separa los campos si tienen el balón tendrán que seguir las reglas de balonmano, dar 3 pasos, botar o pasarla entre compañeros.

Observaciones	Es recomendable jugar con el balón de poliespán para que no se hagan daño o prohibir lanzar a ciertas zonas del cuerpo.

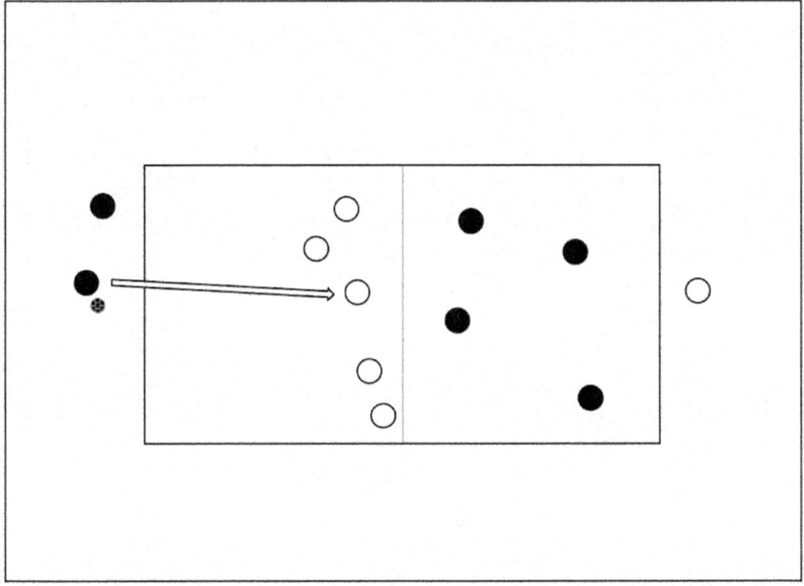

Ejercicio Nº 58	Medio TT Principal	Lanzamiento
	Medio TT Secundario	Desplazamiento Blocaje

Medios Técnico-Tácticos	Posición base, adaptación de balón, manejo de balón, desplazamientos, bote, finta, pase, recepción y lanzamiento. Posición básica, desplazamiento, control visual y blocaje. Portero		
Jugadores	5	Fase	Contraataque
Material	Balón y cono	Tiempo	10'

Explicación

Dos porteros, un defensor que solo hace blocaje y tres atacantes. El jugador que inicia la jugada se coloca en un extremo, en el mismo lado del campo contrario se coloca otro extremo y el jugador restante se coloca en la banda contraria en el centro del campo.

El jugador con balón parte del extremo, se la pasa al portero en carrera y este se la devuelve. El jugador del centro tras este último pase inicia la carrera hacia los nueve metros de la zona central y recibe el balón. Cuando el central haya recibido balón el jugador del extremo iniciará la carrera coordinadamente con el central rodeando un cono. Una vez que el central haya llegado a nueve metros deberá o bien realizar un lanzamiento exterior por encima del defensa o pasársela a su compañero.

El defensa debe realizar blocaje.

Observaciones	Variante iniciación temprana: igual hasta el final, cuando el central llegue a nueve metros el defensa se moverá en el último instante y se quedará en el centro, en tal caso el central pasará al extremo, o se moverá hacia el extremo, el central tendrá que penetrar y tirar.

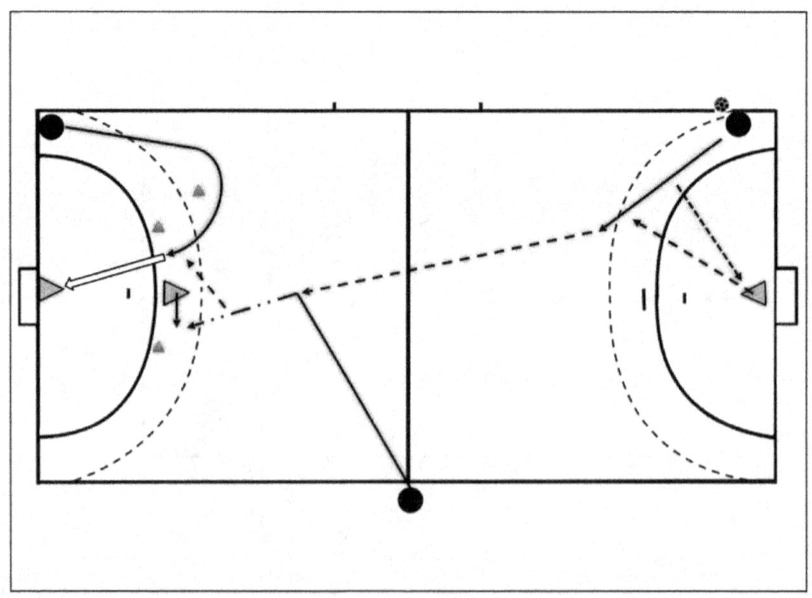

Ejercicio Nº 59	Medio TT Principal	Lanzamiento
	Medio TT Secundario	Bote y fintas Interceptación y control de oponente
Medios Técnico-Tácticos	Posición base, adaptación de balón, manejo de balón, desplazamientos, fintas, pases, 1x1, pase, recepción y lanzamiento. Desplazamientos, posición básica, control visual, interceptaciones, marcajes, disuasión, control de oponente. Portero	
Jugadores	4	Fase	Contraataque y repliegue
Material	Balón	Tiempo	10'
Explicación			

Un portero en cada portería, el resto de jugadores se dividen en dos grupos, uno se pone en una esquina del campo y el otro en la esquina contraria.

El jugador se la pasa al portero y sale en contraataque, lo recibe y tira a portería. Una vez lanzado el jugador que se encuentra en ese campo sale en contraataque y el que acaba de lanzar se tiene que replegar.

Observaciones	Variantes: se pueden hacer los contraataques en parejas de dos, así como el repliegue. Recomendado para iniciación temprana.

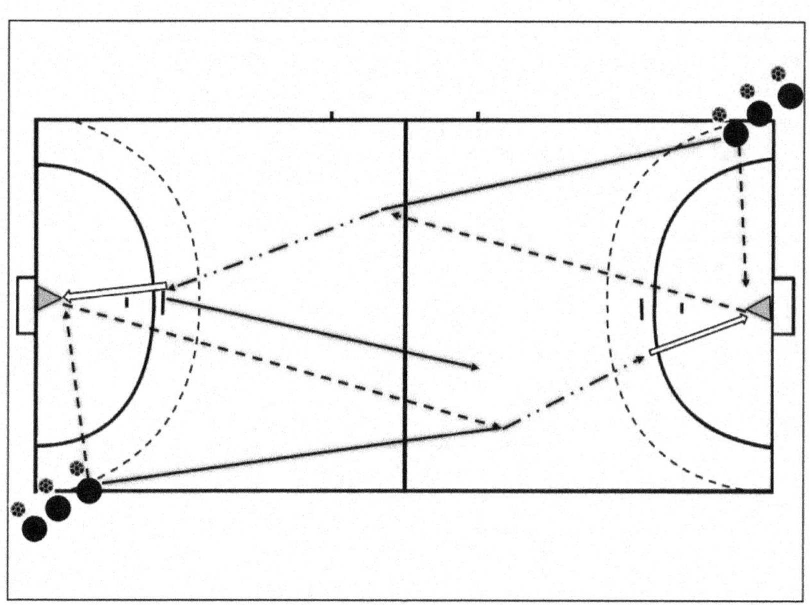

Ejercicio Nº 60	Medio TT Principal	Lanzamiento
	Medio TT Secundario	Desplazamiento y pases
Medios Técnico-Tácticos	Posición base, adaptación de balón, manejo de balón, desplazamientos, pase, recepción y lanzamiento. Portero	
Jugadores	6	Fase	Contraataque
Material	Balón y conos	Tiempo	10'
Explicación			

Dividimos el campo longitudinalmente y pondremos dos conos a 10 metros del centro del campo. Dos porteros y dos parejas de jugadores atacantes, una pareja se coloca en una mitad longitudinal y la otra en la contraria en el campo contrario.

Las parejas deben salir al mismo tiempo, deberán pasársela hasta llegar al cono, donde los jugadores que estén más cercanos al centro del campo longitudinal deberán cambiar de pareja dando la vuelta al cono y continuar atacando. Por tanto, antes del cambio el jugador que debe tener el balón es el que esté más lateralmente en la zona de juego.

El objetivo final es la finalización.

Observaciones	Dejar que los jugadores se coordinen con sus compañeros del campo contrario. En iniciación es recomendable restringir el bote hasta el final o que puedan dar tan solo un bote si en el cambio el compañero central llega tardío. Tanto el pase como la recepción deben darse siempre en carrera.

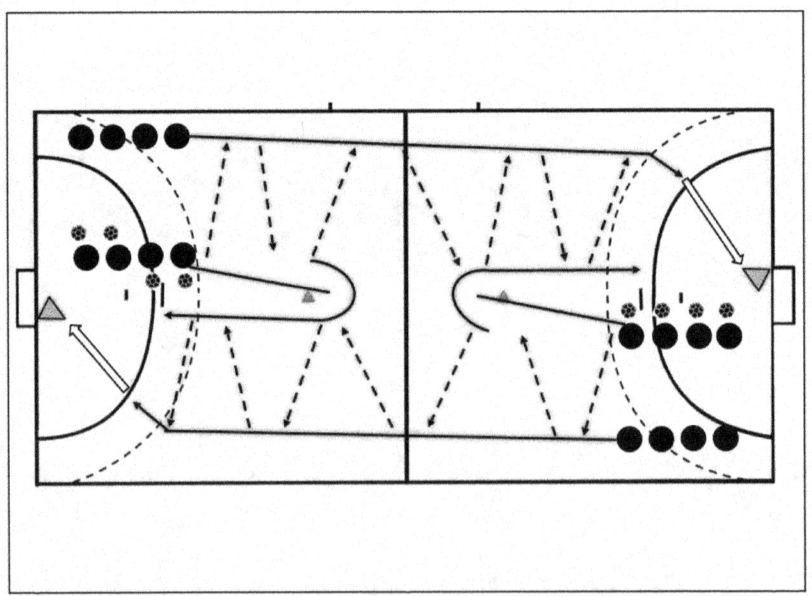

Ejercicio Nº 61	Medio TT Principal	Lanzamiento
	Medio TT Secundario	Pases y recepciones

Medios Técnico-Tácticos	Posición base, adaptación de balón, manejo de balón, desplazamientos, fintas, pases, 2x1, pase, recepción y lanzamiento. Desplazamientos, posición básica, control visual, interceptaciones, marcajes, disuasión, control de oponente, blocaje. Portero		
Jugadores	6	Fase	Contraataque y defensa
Material	Balón	Tiempo	10'

Explicación

Un portero en cada portería, un defensa en el campo contrario desde donde se inicia el ataque y el resto de jugadores serán atacantes. Un atacante se colocará en un extremo y los otros dos en el centro del campo en las dos bandas.

El jugador con balón estará en el extremo, se lo pasará al portero y este se lo devolverá. Posteriormente el jugador tendrá que pasárselo a su compañero que se encuentra en el centro en la banda contraria y atacar, junto al compañero que se encontraba en el centro en la banda contraria, hacia la portería para finalizar.

Variante de progresión: añadir un defensa para realizar un 2x2 en la fase final del contraataque.

Observaciones	Variante: tras el ejercicio el defensa junto al jugador central que no atacó harán un contraataque sin oposición mediante pases con finalización hacia la portería contraria. Se debe acotar la zona de finalización para el 2x1 y evitar el bote cuanto sea posible. Rotar los puestos.

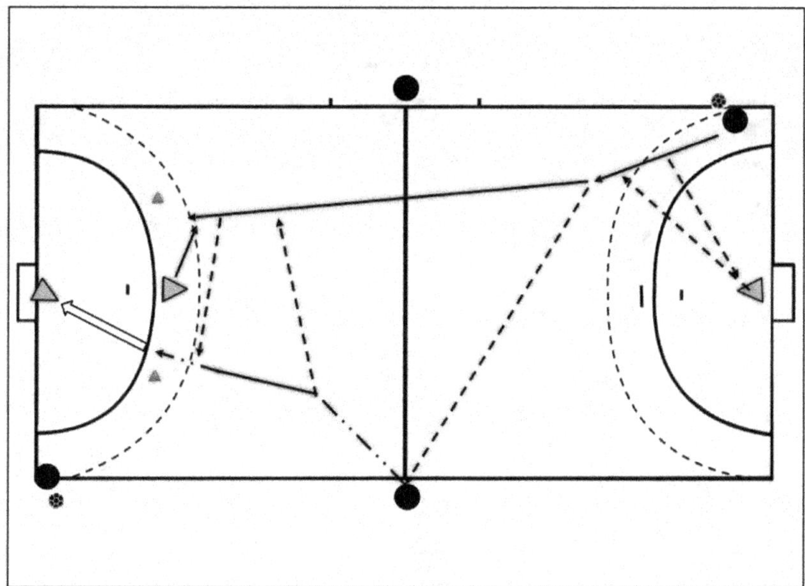

Ejercicio Nº 62	Medio TT Principal	Lanzamiento
	Medio TT Secundario	Portería

Medios Técnico-Tácticos	Posición base, adaptación de balón, manejo de balón, desplazamientos, bote y lanzamiento. Portero		
Jugadores	-	Fase	Ataque y portería
Material	Balón y conos	Tiempo	10'
Explicación			

Ejercicio de reflejos a la portería.

Se hacen 2 equipos, cada equipo tiene que tener un jugador de cada puesto y un portero.

El juego es un juego de lanzamiento y de portería, de manera que los atacantes de un equipo se tienen que enfrentar al portero del equipo contrario. Los atacantes se pondrán números aleatorios y se colocarán en su posición.

El entrenador irá diciendo números al azar y el jugador que tenga el número tirará. El portero debe identificar qué jugador lanzará y parar.

Gana el equipo que su portero realice más paradas.

Observaciones	Para la iniciación temprana donde aún no existen puestos específicos para los jugadores ir rotando las posiciones, incluida la de portero.

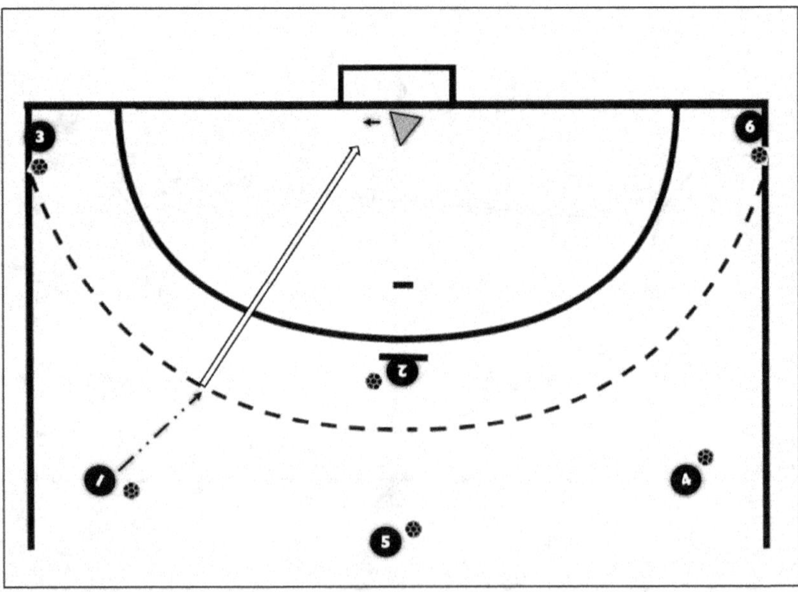

Ejercicio Nº 63	Medio TT Principal	Lanzamiento
	Medio TT Secundario	Pases y bote Interceptación y control de oponente
Medios Técnico-Tácticos	Posición base, adaptación de balón, manejo de balón, desplazamientos, fintas, pases, 1x1, pase, recepción y lanzamiento. Desplazamientos, posición básica, control visual, interceptaciones, marcajes, disuasión, control de oponente, blocaje, fintas, cobertura, ayudas, doblaje, cambio de oponente, penetraciones sucesivas y basculación. Portero	
Jugadores	14	Fase	Ataque, defensa y contraataque
Material	Balón	Tiempo	10'

Explicación

Dos porteros, uno en cada portería, tres atacantes y 6 defensores.

El ejercicio se inicia en un 3x3 en fase posicional, reduciendo el espacio desde donde se puede lanzar. Una vez finalice el ataque, la defensa se convertirá en atacante. Tendrán que recibir balón por parte del portero y realizar un contraataque hacia la portería contraria buscando la finalización sin que los defensores le realicen control de oponente.

En la portería contraria se encontrarán 3 defensores que evitarán la finalización priorizando el control de oponente o la interceptación.

Observaciones	En el contraataque se recomienda limitar la zona de finalización pero de forma distinta cada vez. También se puede dividir por zonas, por ejemplo, dividimos las zonas en central, laterales y extremos, valiendo respectivamente 3, 2 y 1 puntos.

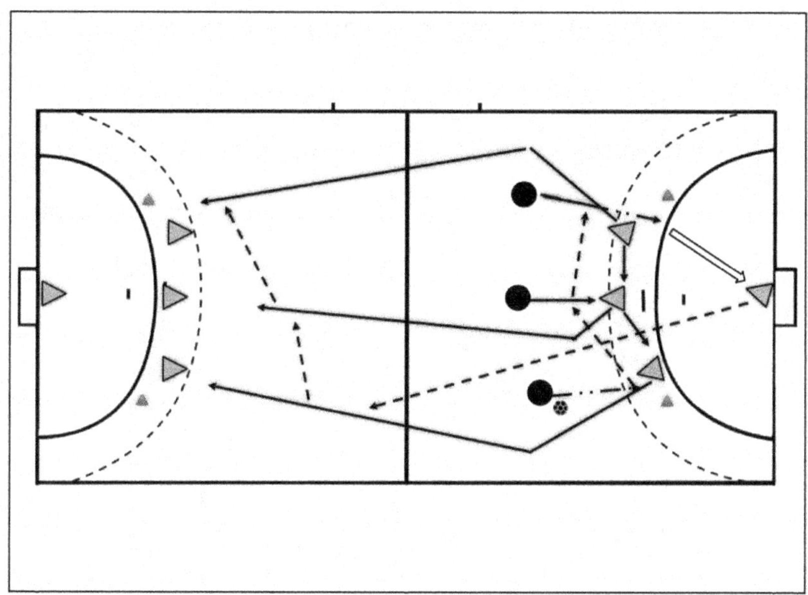

Ejercicio Nº 64	Medio TT Principal	Portero
	Medio TT Secundario	Lanzamiento

Medios Técnico-Tácticos	Posición base, adaptación de balón, manejo de balón, desplazamientos, bote, pase, recepciones y lanzamientos. Porteros		
Jugadores	-	Fase	Ataque
Material	Balones	Tiempo	5'

Explicación

Cuatro jugadores que ejercen de portero y el resto en dos filas.

Los jugadores atacantes, todos con balón, se colocarán en la banda a la altura del portero, que estará en 6 metros. Los atacantes le pasarán el balón al portero, y este se lo devolverá. Una vez hecho el pase el portero correrá hacia la portería y el atacante deberá ir hacia la zona del extremo y lanzar antes de que el portero haya llegado.

Se trabajará primordialmente el papel de portería.

Variante: porteros en 6 metros en el centro y la fila de jugadores se hará desde el central, misma dinámica pero los atacantes finalizarán en la zona lateral.

Observaciones	En iniciación hasta infantil no se debería especializar a los niños en los puestos, ni siquiera como portero, por tanto, las rotaciones también incluirán la portería. Delimitar espacios de lanzamiento.

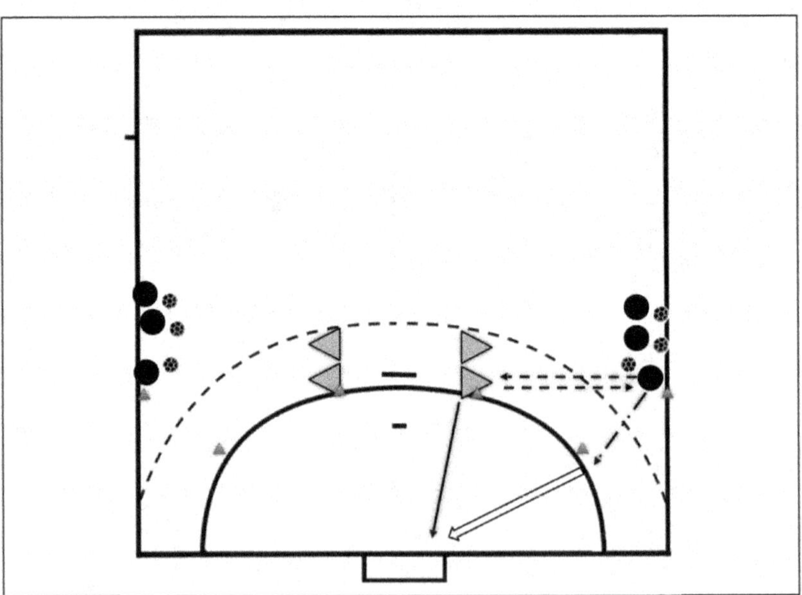

Ejercicio Nº 65	Medio TT Principal	Fintas	
	Medio TT Secundario	Desplazamientos	
Medios Técnico-Tácticos	Posición base, adaptación de balón, manejo de balón, desplazamientos, bote, fintas, pases y recepciones. Desplazamientos, posición básica, control visual, interceptaciones, obstaculizar desplazamiento, control de oponente y disuasión.		
Jugadores	4	Fase	Ataque
Material	Balón, conos	Tiempo	5'

Explicación

Iniciación a las fintas.

En el ancho del campo se colocan dos jugadores en la línea de banda. En el centro entre dos conos que estarán distanciados entre sí 1 metro se coloca un defensor y un cuarto jugador atacante.

El jugador sale desde una de las bandas botando y va hacia el defensor hasta llegar a su altura. Cuando el atacante llegue a un metro del defensor dejará de botar y el defensor se irá hacia uno de los lados, por lo que el atacante tendrá que fintarlo yendo hacia el lado contrario. Cuando sobrepase a la defensa se la pasará a su compañero de la banda contraria y se quedará defendiendo.

Cuando avancen en el ejercicio se puede abrir la anchura entre los conos hasta los 2 metros y la defensa tratará de hacer control de oponente, pero esta solo puede defender en la línea que separa los dos conos.

Observaciones	Cuando tengan soltura podemos ir reduciendo el espacio entre los conos, dificultando la tarea al ataque.

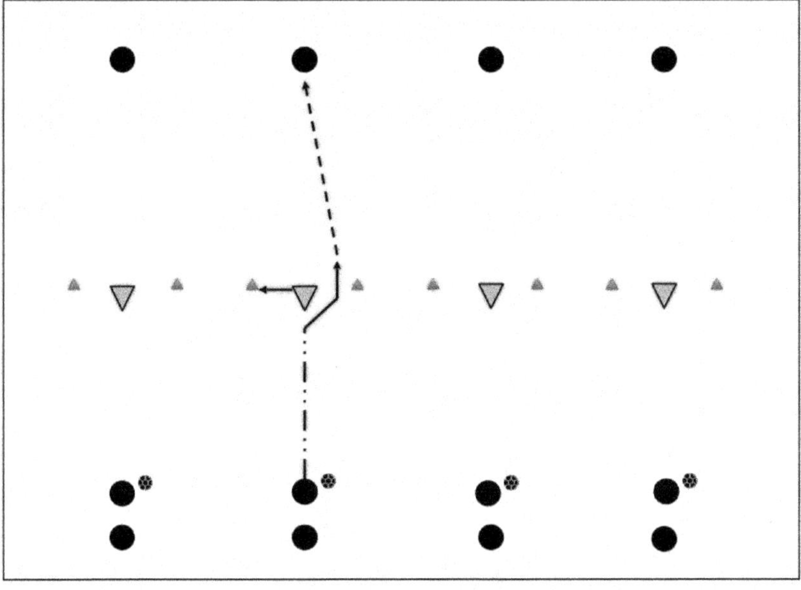

Ejercicio Nº 66	Medio TT Principal	Control visual
	Medio TT Secundario	Desplazamientos e interceptación

Medios Técnico-Tácticos	Desplazamientos, posición básica, control visual, interceptaciones, disuasión. Secundarios: pases, recepciones, posición base, adaptación de balón, manejo de balón, desplazamientos.		
Jugadores	3	Fase	Defensa
Material	Balón	Tiempo	3'
Explicación			

Bang.

Dos jugadores están pasándosela y un tercero se coloca entre ellos. El objetivo de los atacantes es desplazarse a la espalda del defensor y conseguir tocársela, pero no podrán estar más de tres segundos con el balón en las manos. El defensor tiene que intentar tener a los dos jugadores dentro del campo visual, cuando consiga tener a los dos jugadores al mismo tiempo en su campo visual apuntará con los brazos a los atacantes y dirá "bang". El defensa podrá también ganar mediante una interceptación.

Observaciones	Dar prioridad a la corrección del ejercicio en la defensa, indicar que se puede mirar a un punto intermedio entre el poseedor de balón y su compañero, etc.

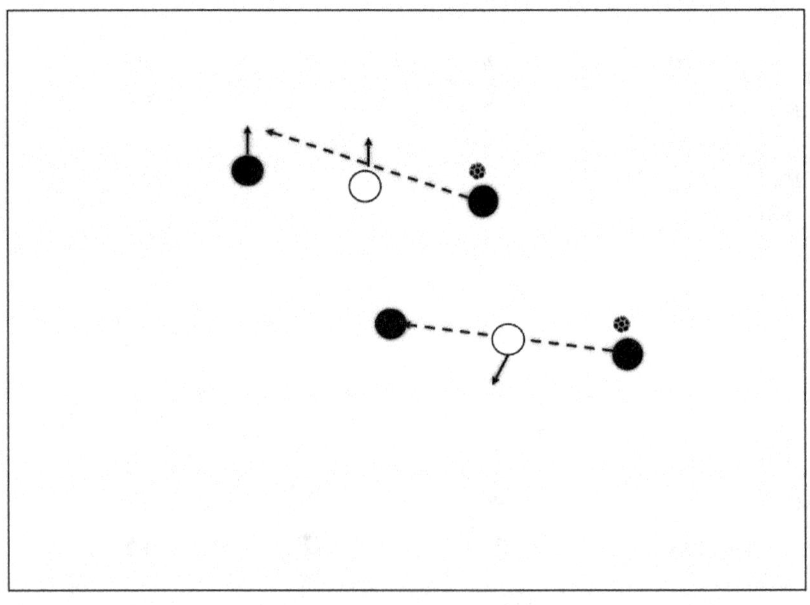

Ejercicio Nº 67	Medio TT Principal	Control visual
	Medio TT Secundario	Lanzamiento y blocaje
Medios Técnico-Tácticos	Desplazamientos, posición básica, control visual, blocaje, disuasión, interceptación, control de oponente. Pases, recepciones, posición base, adaptación de balón, manejo de balón, desplazamientos y lanzamientos, 2x1. Portero	
Jugadores	3	Fase	Transición
Material	Balón	Tiempo	5'

Explicación

Los jugadores se distribuyen en tríos, dos atacantes y un defensa. A los 11 metros se coloca un cono para marcar la zona donde el defensa tendrá que hacer el blocaje y el atacante lanzar.

Los jugadores atacantes se pasan el balón desde un área hasta la contraria y el defensor se sitúa entre los dos. El defensa debe identificar cuando alguno de los dos atacantes levanta el puño (debe levantarlo antes del medio campo). Cuando lo identifique, el jugador defensivo podrá defender normalmente.

En el caso de las categorías a partir de la alevín a los once metros deberán prepararse para hacer un lanzamiento exterior y el defensa para hacer un blocaje.

Observaciones	Si el defensa consigue interceptar el balón podrá pasar a atacante y el que cometió el fallo pasa a ser defensa. En categorías menores dejar que el lanzamiento se produzca en los seis metros. Dependiendo del ángulo se complicará o facilitará la tarea al jugador defensor.

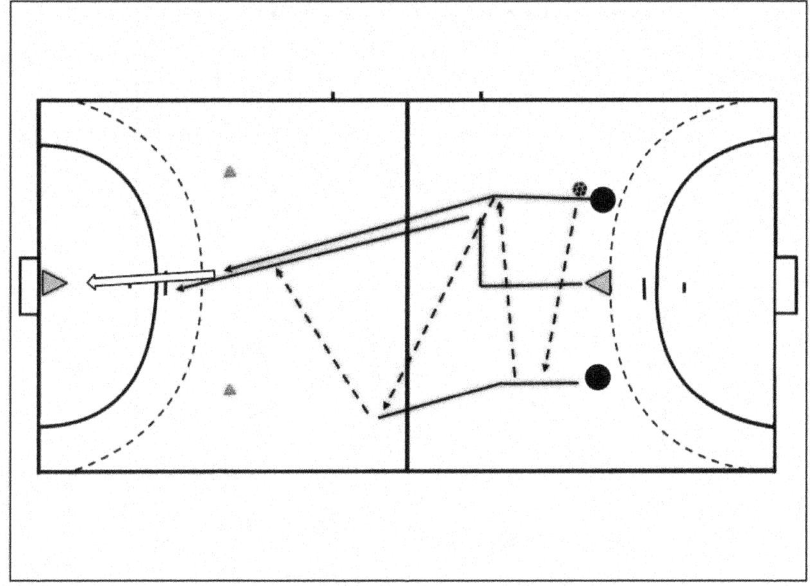

Ejercicio Nº 68	Medio TT Principal	Control visual
	Medio TT Secundario	Interceptación, pase

Medios Técnico-Tácticos	Desplazamientos, posición básica, control visual, blocaje, disuasión, interceptación, control de oponente. Pases, recepciones, posición base, adaptación de balón, manejo de balón, desplazamientos, bote, lanzamientos y superioridad numérica Portero		
Jugadores	7	Fase	Defensa
Material	Balones	Tiempo	2'

Explicación

De los 5 jugadores atacantes, tres son primera línea (dos laterales y un central) y dos pivotes (que se colocarán juntos cerca de la línea de 7 metros). Un defensa cubriendo a los pivotes y un portero.

Cada atacante de la primera línea tiene un balón botando. Los pivotes se mantienen estáticos a menos que reciban balón y procederán a realizar un lanzamiento a portería. El defensor se situará delante y entre ellos. Mediante el control visual tendrá que percibir los pases de la primera línea hacia los pivotes y tratar de interceptarlos. Si puede también realizará control de oponente.

Observaciones	Cuando un pivote recibe balón que no realice un pase al otro pivote para que el defensa intente realizar control de oponente. Si el defensa intercepta sí se puede pasar al otro pivote.

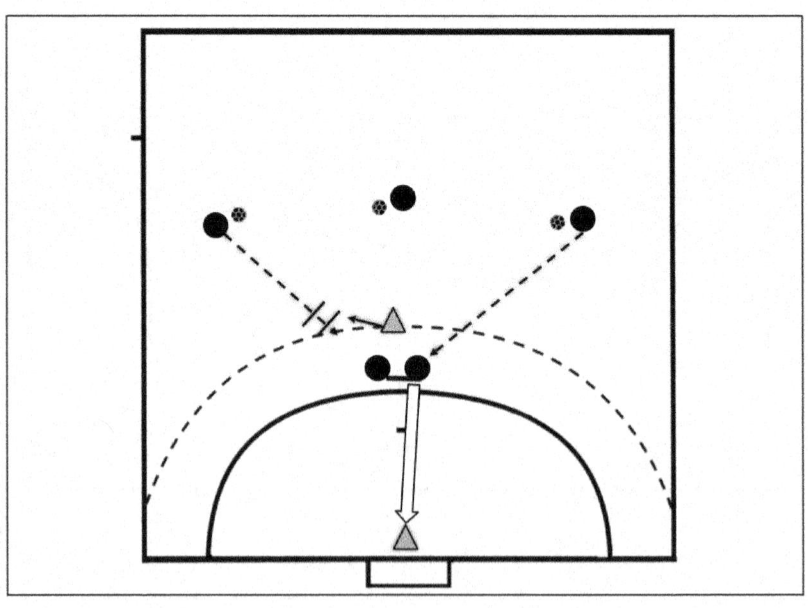

Ejercicio Nº 69	Medio TT Principal	Control visual
	Medio TT Secundario	2x2, 2x1

Medios Técnico-Tácticos	Desplazamientos, posición básica, control visual, blocaje, disuasión, interceptación, control de oponente. Pases, recepciones, posición base, adaptación de balón, manejo de balón, desplazamientos, bote, lanzamientos, 2x1, 2x2 Portero		
Jugadores	8	Fase	Todas
Material	Balones y conos	Tiempo	5'

Explicación

Los 4 jugadores atacantes se disponen en parejas que se pasarán un balón entre ellos cada uno en una mitad del medio campo. De los 3 jugadores de defensa uno se colocará en la línea de 7 metros y los otros dos en las esquinas del campo. Habrá una zona para el 2x2 marcada en el área con conos.

Las parejas atacantes se tienen que estar pasando entre ellos el balón cada uno en su zona. El defensor se posiciona entre las dos parejas, mediante control visual deberá identificar al atacante que inicia la penetración mediante bote e ir a defenderlo. Cuando el atacante inicie el juego un jugador de la otra pareja atacará con él y el jugador defensor de la esquina de este tendrá que defenderlo realizando un 2x2.

Los dos jugadores atacantes restantes iniciarán el contrataque y el defensor el repliegue defensivo.

Observaciones	Los jugadores van rotando la posición. Los atacantes podrán dar solo un bote en ataque posicional y en contrataque dos. El contrataque se iniciará con un pase de un compañero o del entrenador. En el otro campo hasta que se realice el contrataque se puede practicar lanzamiento.

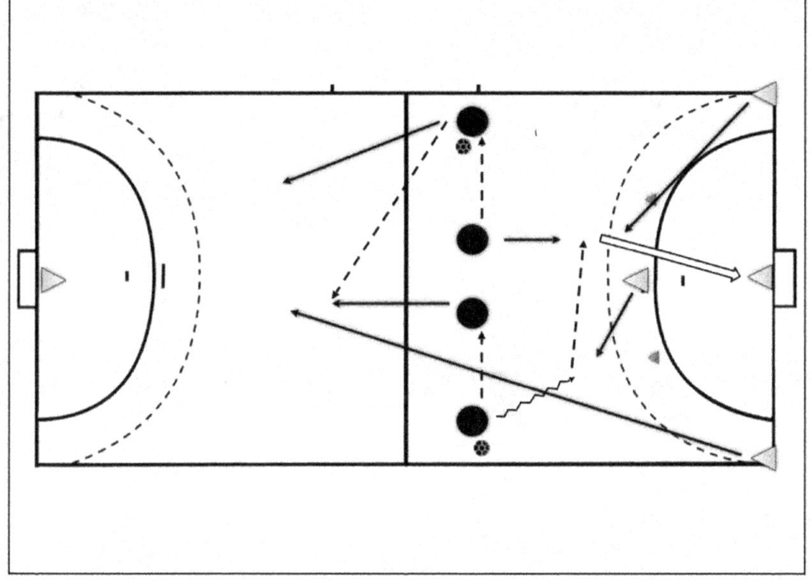

Ejercicio N° 70	Medio TT Principal	Cruces
	Medio TT Secundario	Desplazamiento, control y cambio de oponente

Medios Técnico-Tácticos	Posición base, adaptación de balón, manejo de balón, desplazamientos, pases, recepciones, bote, lanzamiento, cruce. Desplazamientos, posición básica, control visual, interceptaciones, marcajes, disuasión, control de oponente, cambio de oponente, ayuda, cobertura y doblaje. Portero		
Jugadores	4	Fase	Ataque y defensa
Material	Balón y conos	Tiempo	10'

Explicación

Dos jugadores atacantes y dos defensas en el ancho del campo en un espacio de 3 metros de ancho.

Los jugadores atacantes tendrán que tratar de superar a los defensas mediante cruces. Los defensas deberán realizar control de oponente para evitar ser superados.

Al final de la banda estipularemos una zona de lanzamiento y desde ahí deben lanzar a un cono situado a 5 metros del final de la banda.

Cuando lleguen hasta la otra banda se cambiará el rol.

Observaciones	Los cruces deben ser tanto por delante como por detrás. Ejercicio recomendado para la técnica y la automatización, así como para el calentamiento. El cruce puede o no terminarse, el objetivo es superar al defensor, para ello pueden usar fintas de pase.

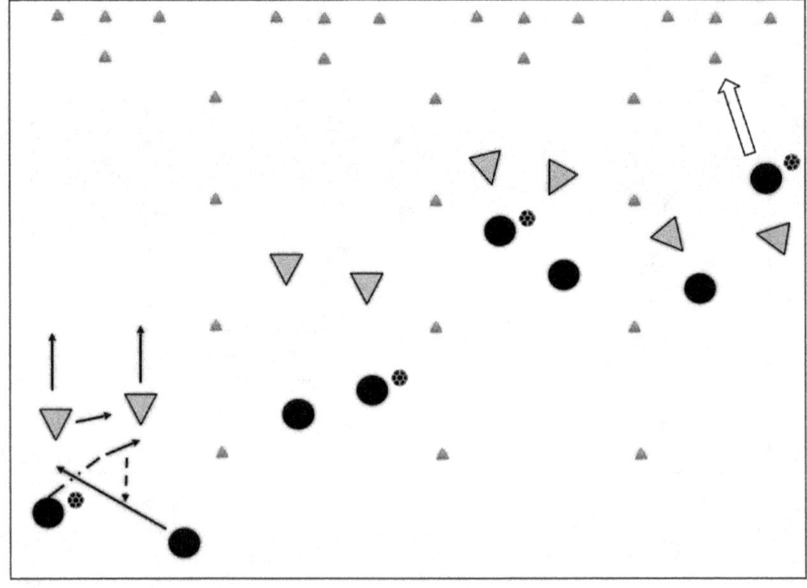

Ejercicio Nº 71	Medio TT Principal	Cruces
	Medio TT Secundario	Lanzamiento

Medios Técnico-Tácticos	Posición base, adaptación de balón, manejo de balón, desplazamientos, pases, recepciones, bote, lanzamiento, cruce. Portero		
Jugadores	4	Fase	Contraataque
Material	Balón y conos	Tiempo	10'

Explicación

Por tríos se hace contraataque con finalización.

El balón parte del jugador central, los otros dos jugadores estarán en los laterales. El central se la pasará al lateral y este último irá hacia el centro para realizar un cruce con otro jugador lateral, mientras que el central recuperará la posición en el lateral al que haya pasado para después cruzar con el lateral contrario. Se realizará hasta el final cuando se acabe lanzando.

Observaciones	Colocar a los pivotes en diferentes partes para aumentar la toma de decisiones diferentes. Variar las zonas de juego, central, laterales, etc.

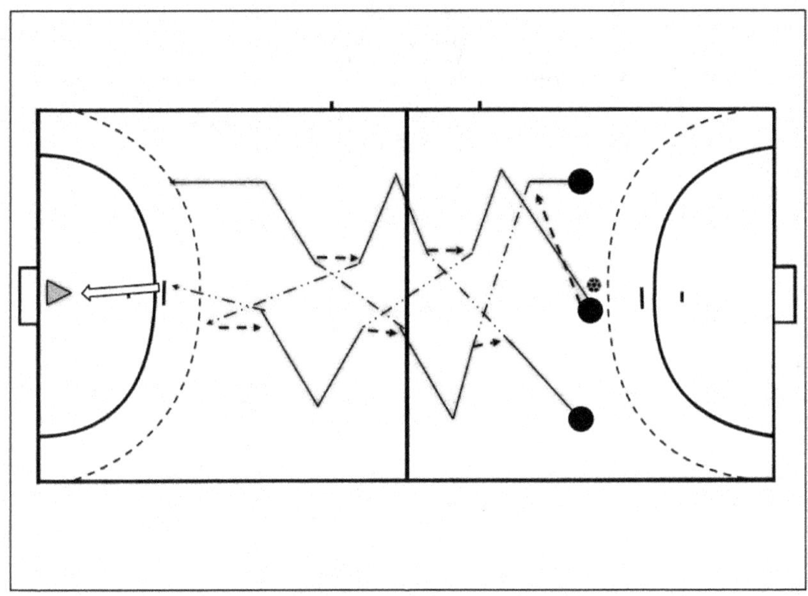

Ejercicio Nº 72	Medio TT Principal	Cruces
	Medio TT Secundario	Lanzamiento y pases Blocaje
Medios Técnico-Tácticos	Posición base, adaptación de balón, manejo de balón, desplazamientos, pases, recepciones, bote, lanzamiento, cruce, circulación de balón, circulación de jugadores. Blocaje Portero	
Jugadores	6	Fase	Ataque y defensa
Material	Balón y pantalla	Tiempo	10'

Explicación

Los jugadores se colocan en todos los puestos menos en el pivote. Si no se tiene pantalla dos jugadores pueden actuar como defensas para realizar blocaje.

El balón parte del lateral derecho, este debe ir hacia su extremo para realizar un cruce, el extremo derecho se la pasa al central y ambos recuperan su posición. El central se la pasa al lateral izquierdo que se desplaza hacia su extremo para realizar otro cruce, y este último se la devuelve al central, tanto lateral como extremo. Por último, el central cruzará con el lateral derecho, el lateral derecho con el lateral izquierdo y este último lanzará por encima de la pantalla.

Observaciones	Rotar las posiciones hacia la derecha cada vez que se realice el ejercicio. Es un trabajo sin oposición, se recomienda marcar bien las fijaciones o el lugar de cruce con conos para iniciación. Tras el último cruce podemos variar si se produce el lanzamiento o se pasa al extremo para que realice el lanzamiento. No empezar siempre por el lado derecho, variar con el izquierdo también.

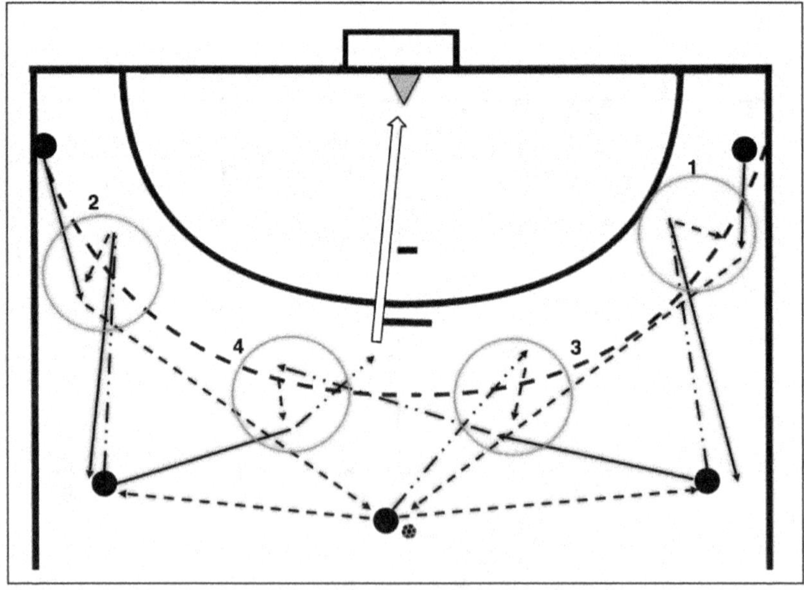

Ejercicio Nº 73	Medio TT Principal	Cruces
	Medio TT Secundario	Lanzamiento y pases Cambio y control de oponente
Medios Técnico-Tácticos	Posición base, adaptación de balón, manejo de balón, desplazamientos, pases, recepciones, bote, lanzamiento, cruce, circulación de balón, circulación de jugadores. Desplazamientos, posición básica, control visual, interceptaciones, marcajes, disuasión, control de oponente, blocaje, fintas, cobertura, ayudas, doblaje, cambio de oponente y basculación. Portero	
Jugadores	12	Fase	Ataque y defensa
Material	Balón y pantalla	Tiempo	20'

Explicación

Similar al ejercicio anterior pero añadimos 5 defensas y un pivote.

Se realizan los mismos cruces, sin embargo, si los jugadores encuentran la oportunidad tras un cruce porque han conseguido arrastrar a la defensa pueden penetrar y propiciar penetraciones sucesivas. Sin embargo, intentaremos priorizar realizar todos los cruces. El pivote se colocará en el centro, para que en los cruces centrales sea opción de pase, este puede bloquear también a los defensas.

A partir del último cruce se deja juego libre donde los jugadores tienen múltiples opciones menos la de fintar, por tanto, deberán penetrar mediante fijaciones y cruces.

Observaciones	Enfatizar la importancia de la recuperación de la posición y la rapidez de la circulación.

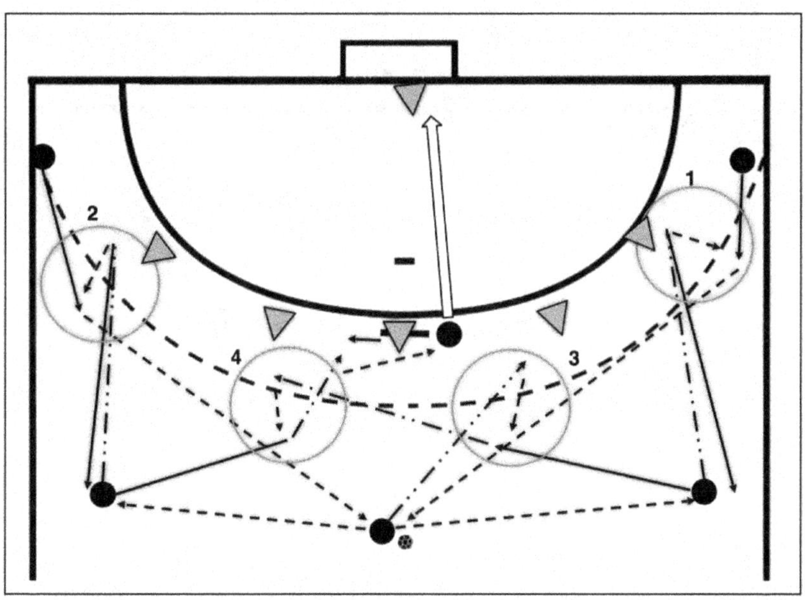

Ejercicio Nº 74	Medio TT Principal	Cruces
	Medio TT Secundario	Ayuda corporal (bloqueo), control y cambio de oponente

Medios Técnico-Tácticos	Posición base, adaptación de balón, manejo de balón, desplazamientos, pases, recepciones, bote, lanzamiento, cruce, circulación de balón, circulación de jugadores. Desplazamientos, posición básica, control visual, interceptaciones, marcajes, disuasión, control de oponente, blocaje, fintas, cobertura, ayudas, doblaje, cambio de oponente y basculación. Portero

Jugadores	8	Fase	Ataque y defensa
Material	Balón y pantalla	Tiempo	10'

Explicación

Dividimos el campo por la mitad longitudinalmente. En un lado del campo habrá 3 defensas cercanos al área, un portero y 4 atacantes, extremo, lateral, central y pivote. El pivote se colocará pegado al defensor del lateral, entre este y el defensor del extremo.

El balón parte del jugador central, que circulará el balón hasta el extremo. El extremo fijará a su defensor y se la pasará al lateral que debe fijar entre el defensa del central y el suyo propio, realizando un cruce con el central. Cuando el central reciba balón tiene que aprovechar el bloqueo del pivote y si el último defensor acude en ayuda de sus compañeros podrá pasársela al extremo para que finalice.

Observaciones	Importante la circulación de balón rápida y el bloqueo del pivote en el último momento, anticipando antes la posición corporal.

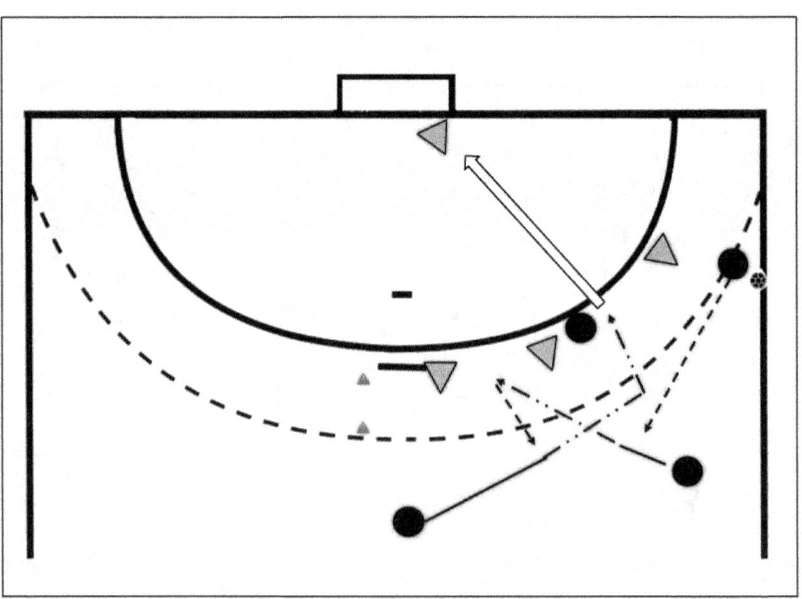

Ejercicio Nº 75	Medio TT Principal	Cruces		
	Medio TT Secundario	Lanzamiento y control de oponente		
Medios Técnico-Tácticos	Posición base, adaptación de balón, manejo de balón, desplazamientos, pases, recepciones, bote, lanzamiento, fintas y cruces. Desplazamientos, posición básica, control visual, control de oponente, fintas, disuasión y blocajes. Portero			
Jugadores	3		Fase	Ataque
Material	Balón y conos		Tiempo	10'

Explicación

Dos filas de laterales y una con balón.

El jugador con balón botará en dirección hacia la portería, el jugador sin balón le acompaña desde atrás para realizar un cruce cercano a nueve metros con pase por detrás para que el receptor finalice.

Un defensa en el centro entre 9 y 6 metros para realizar un 1x1 después del cruce.

Recordar a los jugadores abrirse para después acercarse al centro y realizar el cruce.

Variante: se hace el cruce pero se puede o no pasar, si el defensa toca al jugador con balón los jugadores atacantes pierden, por lo que el cruce tiene que engañar al defensor.

Observaciones	Cambiar el rol cada vez que realice el cruce. Cambiar la fila con balón para realizar el cruce por los dos lados.

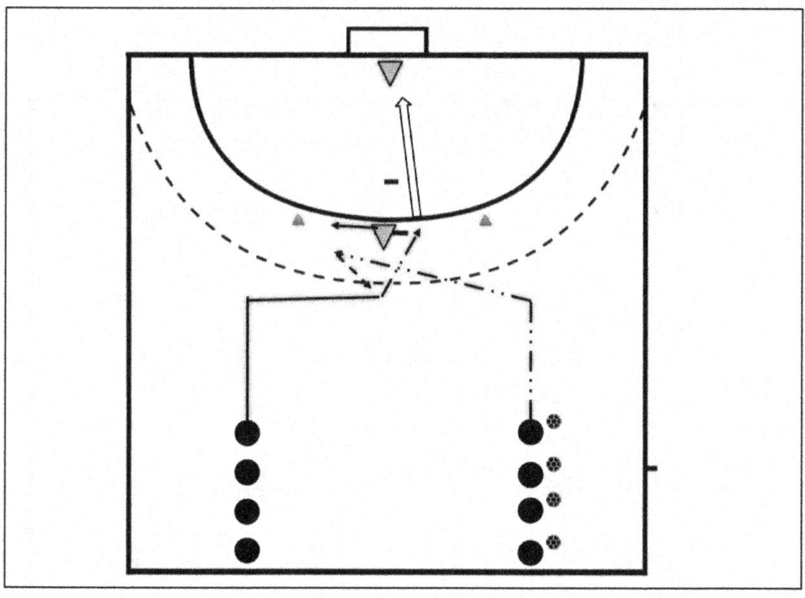

Ejercicio Nº 76	Medio TT Principal	Cruces
	Medio TT Secundario	Control y cambio de oponente y fijaciones
Medios Técnico-Tácticos	Posición base, adaptación de balón, manejo de balón, desplazamientos, fintas, pases, recepciones, bote, lanzamiento, 3x2, ayuda corporal, cruce. Desplazamientos, posición básica, control visual, interceptaciones, marcajes, disuasión, control de oponente, blocaje, fintas, cobertura, doblaje y ayudas. Portero	
Jugadores	7	Fase	Ataque y defensa
Material	Balón y conos	Tiempo	10'
Explicación		

Delimitamos cercano al área en el centro un espacio de unos 5 metros, donde se encontrarán dos defensores, un pivote y dos jugadores atacantes de primera línea.

El juego se inicia con un cruce entre los jugadores de primera línea, el que recibe el balón decidirá entre penetrar, pasar al pivote o pasársela a su compañero de primera línea para que finalice.

Observaciones	En categorías menores usar defensa abierta para enseñar a arrastrar a los defensores indirectos.

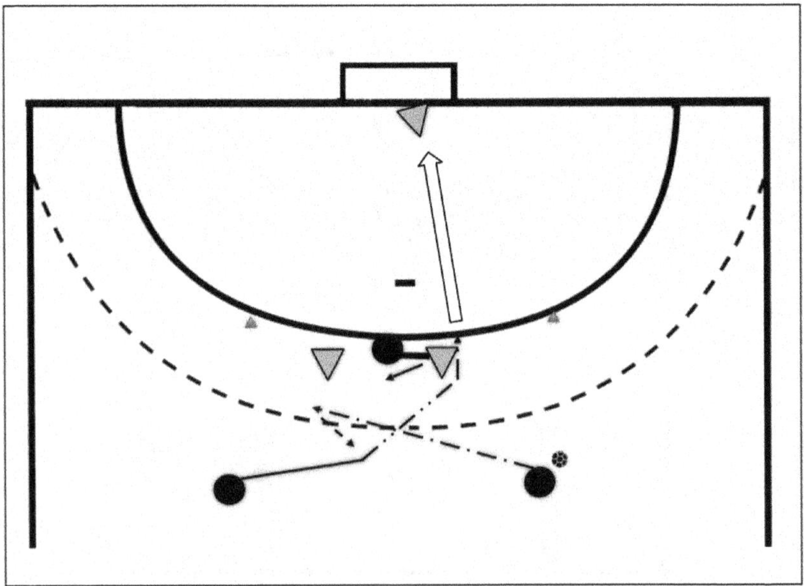

Ejercicio Nº 77	Medio TT Principal	1x1
	Medio TT Secundario	Control de oponente y fintas

Medios Técnico-Tácticos	Posición base, adaptación de balón, manejo de balón, desplazamientos, fintas, bote, lanzamiento, 1x1. Desplazamientos, posición básica, control visual, interceptaciones, marcajes, uso del cuerpo disuasión, control de oponente, blocaje y fintas. Portero		
Jugadores	-	Fase	Defensa y ataque
Material	Balón y conos	Tiempo	10'

Explicación

Dividimos las distintas zonas de juego, extremos, laterales y central. En cada una de estas zonas habrá un atacante y un defensor.

Se parte desde diferentes posiciones: alejado dos pasos del defensor, en contacto con el defensor por los hombros, saltando ambos a la vez, cogiendo el defensor al atacante y dejándolo en el suelo después, etc.

Tras el inicio se realiza un 1x1 donde el atacante tiene que tratar de finalizar de la mejor forma posible, preferiblemente en 6 metros y si no puede con un lanzamiento exterior.

La defensa tratará primordialmente de interceptar el balón en bote y realizar control de oponente.

Observaciones	Atención a la defensa cerca de los seis metros en iniciación, una vez se haya hecho golpe franco inmovilizando al atacante dejarle libre. Dar la misma importancia a la defensa y al ataque.

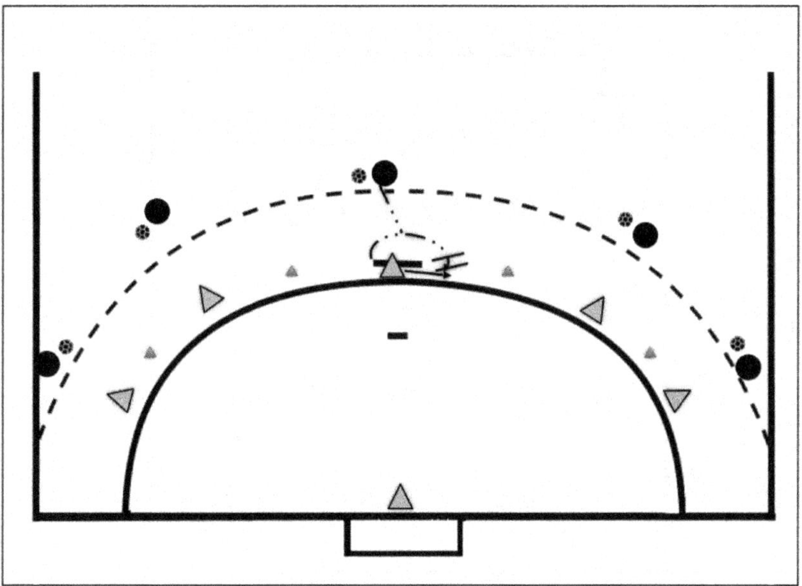

Ejercicio Nº 78	Medio TT Principal	1x1
	Medio TT Secundario	Lanzamiento e interceptación

Medios Técnico-Tácticos	Posición base, adaptación de balón, manejo de balón, desplazamientos, fintas, bote, lanzamiento, 1x1. Desplazamientos, posición básica, control visual, interceptaciones, marcajes, uso del cuerpo disuasión, control de oponente, blocaje y fintas. Portero		
Jugadores	-	Fase	Todas
Material	Balones	Tiempo	10'
Explicación			

Un balón por parejas. Intentar hacer las parejas equilibradas en velocidad. Parten del centro del campo de cara a la portería. El entrenador desde atrás lanza el balón delante de los jugadores y cuando lo vean deben correr hacia él. El que lo coja actuará de atacante y el otro jugador de defensa.

El objetivo del atacante es finalizar y el de la defensa preferentemente interceptar balón en bote o hacer control de oponente.

Observaciones	Se actúa con velocidad, por tanto, se puede equiparar a un contraataque o un balance defensivo. Poner atención en la defensa en carrera.

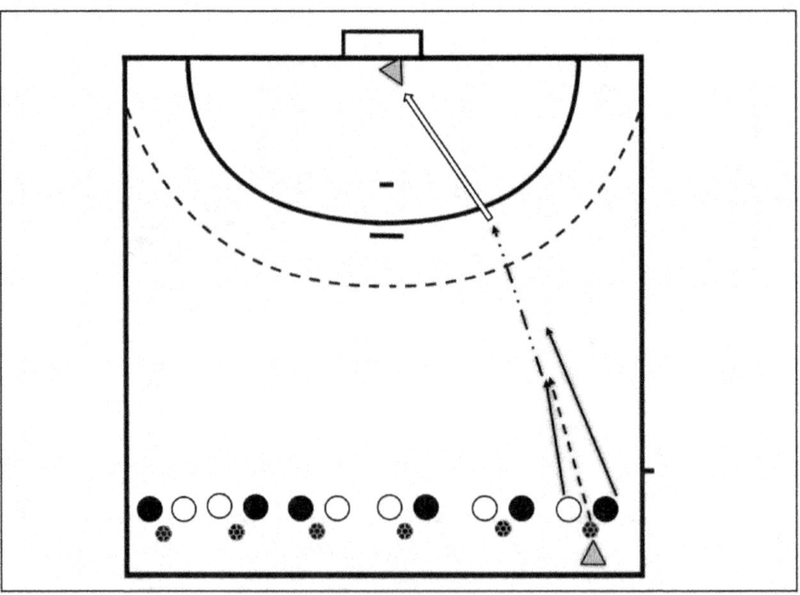

Ejercicio Nº 79	Medio TT Principal	1x1
	Medio TT Secundario	Finta y control de oponente

Medios Técnico-Tácticos	Posición base, adaptación de balón, manejo de balón, desplazamientos, desmarques, fintas, bote, lanzamiento, pases y recepciones, 1x1. Desplazamientos, posición básica, control visual, interceptaciones, marcajes, uso del cuerpo disuasión, control de oponente, blocaje y fintas. Portero		
Jugadores	-	Fase	Ataque y defensa
Material	Balones	Tiempo	10'
Explicación			

Un portero, dos filas de jugadores atacantes en las zonas laterales y dos defensas. Se delimita la zona donde los jugadores pueden lanzar a un espacio de entre 4 y 5 metros.

Un balón por pareja a excepción del primero de una de las filas. El compañero de la fila contraria debe pasar el balón al compañero del lado contrario sin balón que debe desmarcarse para recibirlo y luego realizar un 1x1 para terminar finalizando.

La defensa puede estar un poco adelantada para interceptar el balón o disuadir el pase. Procurará también realizar control de oponente.

Observaciones	Debe ser fluido, el jugador atacante pasa a ser defensa y la defensa pasa a atacar.

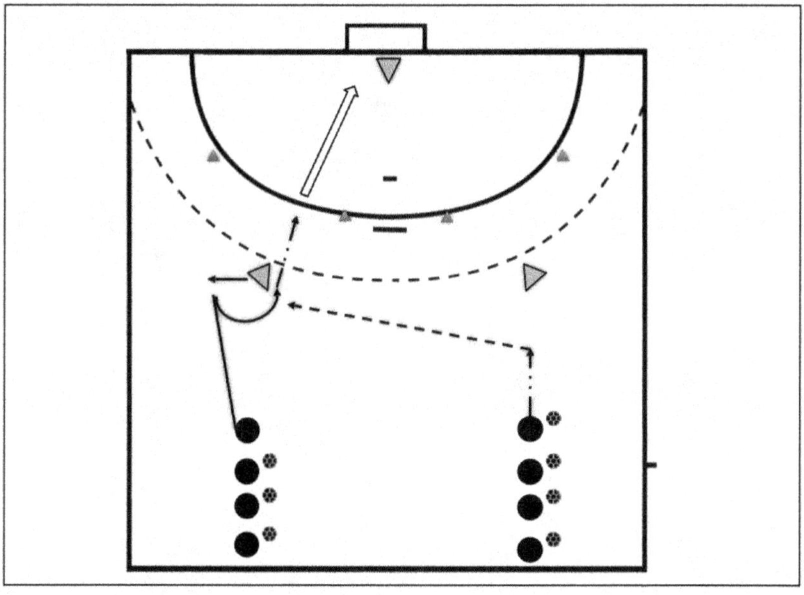

Ejercicio Nº 80	Medio TT Principal	Penetraciones sucesivas
	Medio TT Secundario	Control de oponente

Medios Técnico-Tácticos	Posición base, adaptación de balón, manejo de balón, desplazamientos, fintas, pases, recepciones, superioridad númerica y penetraciones sucesivas. Desplazamientos, posición básica, control visual, interceptaciones, marcajes, disuasión, control oponente y fintas.			
Jugadores	7		Fase	Defensa
Material	Balón		Tiempo	7'

Explicación

Un círculo 4 jugadores de ataque fuera y 3 defensas dentro.

Los atacantes tienen un balón y tienen que tratar de penetrar dentro del círculo con él, para ello se la pasarán hasta que se encuentren en una situación óptima.

Los defensores se encontrarán dentro del círculo y tendrán que salir para que los atacantes no penetren. Si tocan al jugador con balón ya no puede penetrar, por tanto, se lo tendrá que pasar a otro compañero.

Observaciones	Variante: los jugadores defensores deberán hacer control de oponente para evitar la penetración de los atacantes.

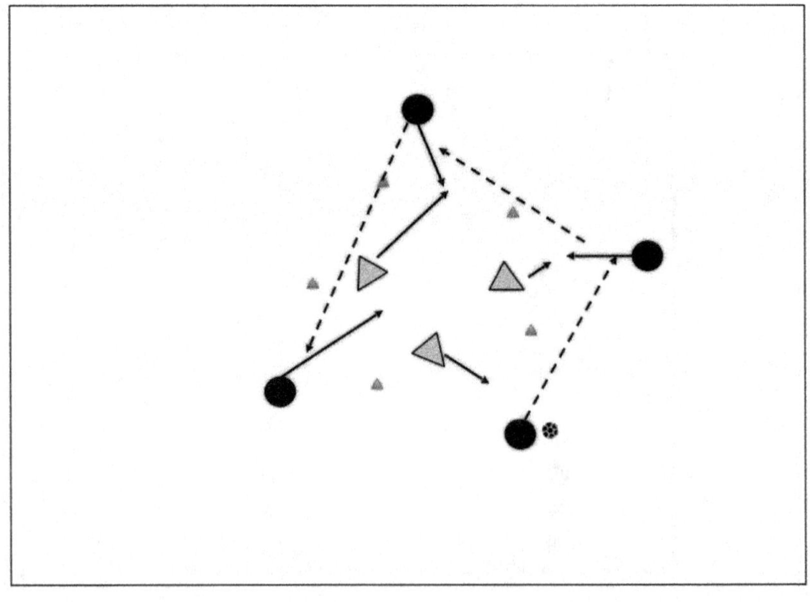

Ejercicio Nº 81	Medio TT Principal	Penetraciones sucesivas	
	Medio TT Secundario	Basculaciones	
Medios Técnico-Tácticos	Posición base, adaptación de balón, manejo de balón, desplazamientos, fintas, pases, recepciones, superioridad numérica, cruces y penetraciones sucesivas. Desplazamientos, posición básica, control visual, interceptaciones, marcajes, disuasión, control oponente, basculaciones, cobertura, doblaje, cambio de oponente.		
Jugadores	9	Fase	Defensa
Material	Balón	Tiempo	7'

Explicación

Un círculo, 5 jugadores de ataque y 4 defensas se encontrarán fuera de él.

Los atacantes tienen un balón y tienen que tratar de penetrar dentro del círculo con él, para ello se lo pasarán hasta que se encuentren en una situación óptima, una vez dentro del círculo tendrán que botar una vez el balón para conseguir un punto.

Los defensores tienen que proteger el círculo desde el exterior, si consiguen interceptar o hacer control de oponente consiguen un punto.

Observaciones	Variante: ampliar el círculo y que los jugadores estén en igualdad.

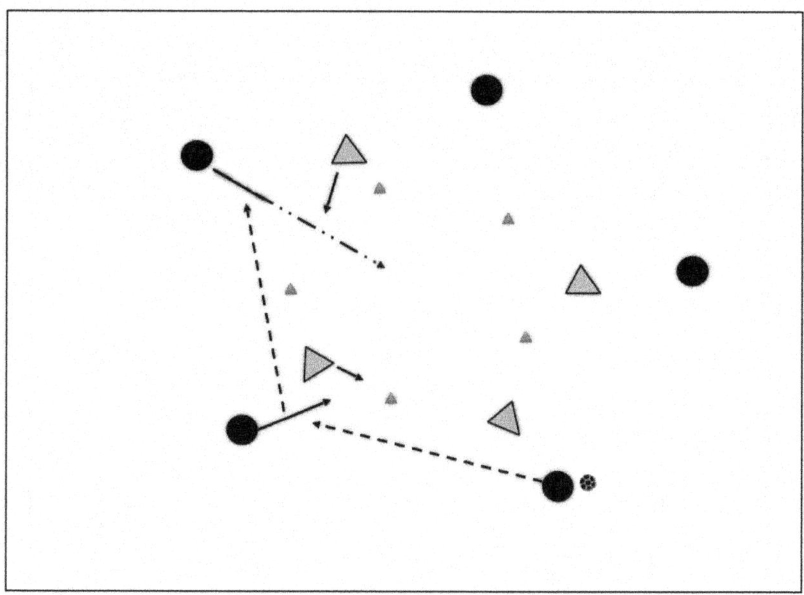

Ejercicio Nº 82	Medio TT Principal	Penetraciones sucesivas
	Medio TT Secundario	Control de oponente y fijaciones

Medios Técnico-Tácticos	Posición base, adaptación de balón, manejo de balón, desplazamientos, fintas, pases, recepciones, bote, lanzamiento, 2x1, ayuda corporal, pase y va, penetraciones sucesivas. Desplazamientos, posición básica, control visual, interceptaciones, marcajes, disuasión, control de oponente, blocaje, fintas, cobertura, basculación, defensa del pase y va. Portero		
Jugadores	7	Fase	Ataque y defensa
Material	Balón y conos	Tiempo	10'

Explicación

Tres jugadores defensivos con el jugador central avanzado, un portero y tres jugadores atacantes de primera línea.

El jugador central tiene que fintar a su defensor directo, superándolo, tras ello dependiendo de la reacción de los otros defensores buscará finalizar o pasar al compañero del defensor que venga a defenderle.

Tienen 4 pases para poder finalizar.

Observaciones	Delimitar la zona de actuación de los jugadores. En categorías menores hacer que los defensores sean avanzados y se encuentren en nueve metros y el central en 10 u once, además de ampliar la zona de actuación.

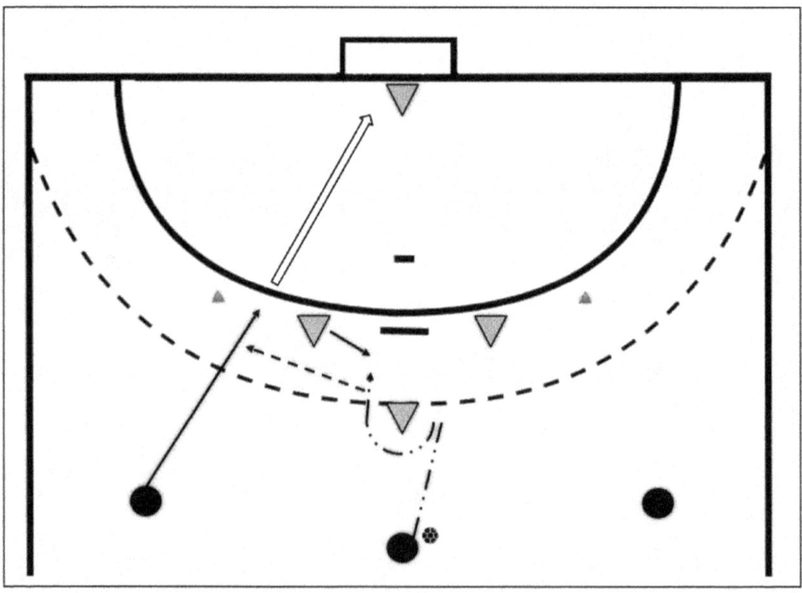

Ejercicio Nº 83	Medio TT Principal	Penetraciones sucesivas
	Medio TT Secundario	Control de oponente y fijaciones

Medios Técnico-Tácticos	Posición base, adaptación de balón, manejo de balón, desplazamientos, fintas, pases, recepciones, bote, lanzamiento, 2x1, ayuda corporal, pase y va, penetraciones sucesivas. Desplazamientos, posición básica, control visual, interceptaciones, marcajes, disuasión, control de oponente, blocaje, fintas, cobertura, basculación, defensa del pase y va. Portero		
Jugadores	7	Fase	Ataque y defensa
Material	Balón y conos	Tiempo	10′

Explicación

Tres defensas, tres atacantes de primera línea y un portero.

El balón empieza en el lateral que tendrá que penetrar hacia su defensa y dejarse hacer un control de oponente con oposición, lo mismo para el central y el lateral, tras esto tienen que recuperar la posición inicial e iniciar el ataque mediante fijaciones y penetraciones sucesivas y finalizar.

Cuando los atacantes hayan hecho 6 pases podrán lanzar en suspensión pero primarán la penetración y el lanzamiento interior.

Los defensas tratarán de realizar primordialmente control de oponente.

Observaciones	Delimitar la zona de actuación de los jugadores. En categorías menores usar la defensa hombre a hombre y defensas abiertas para más variación.

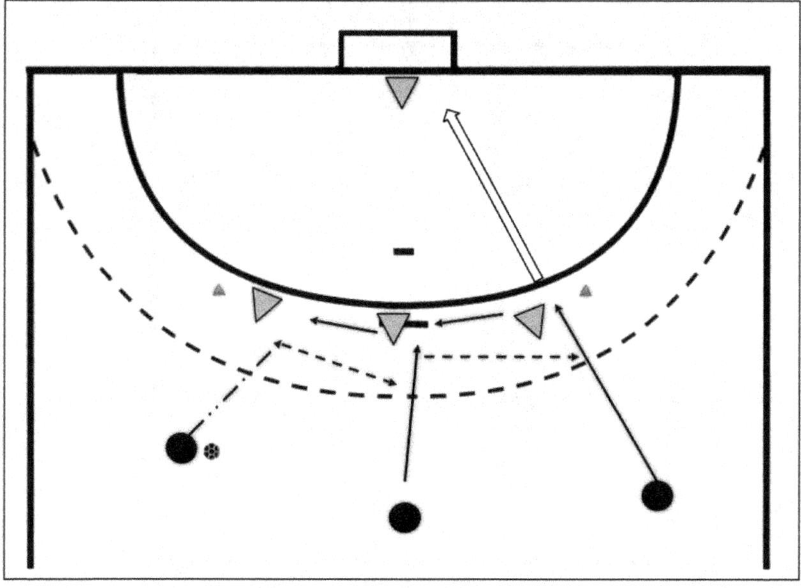

Ejercicio Nº 84	Medio TT Principal	Pase y va
	Medio TT Secundario	Desplazamientos e Interceptación

Medios Técnico-Tácticos	Posición base, adaptación de balón, manejo de balón, desplazamientos, lanzamientos, pases, recepciones, pase y va, 2vs1; desplazamientos, posición básica, control visual, interceptaciones, marcajes, disuasión y control oponente.		
Jugadores	3	Fase	Ataque y Defensa
Material	Balón y conos	Tiempo	10′

Explicación

Dos filas de las cuales solo tendrá balón una de ellas. Hay un defensor enfrente de la fila que tiene balón. La fila con balón tiene que pasársela a la otra sin que el defensor robe la pelota y esta última la tiene que devolver de nuevo, haciendo que la primera fila, la que tenía balón, tire a portería.

El que estaba en la fila sin balón cambia a la que tiene balón y el que tira si marca se pone en la fila sin balón y si no defiende.

Observaciones	Variantes: poner un defensor para cada pase; el tiro tiene que ser en suspensión desde nueve metros.

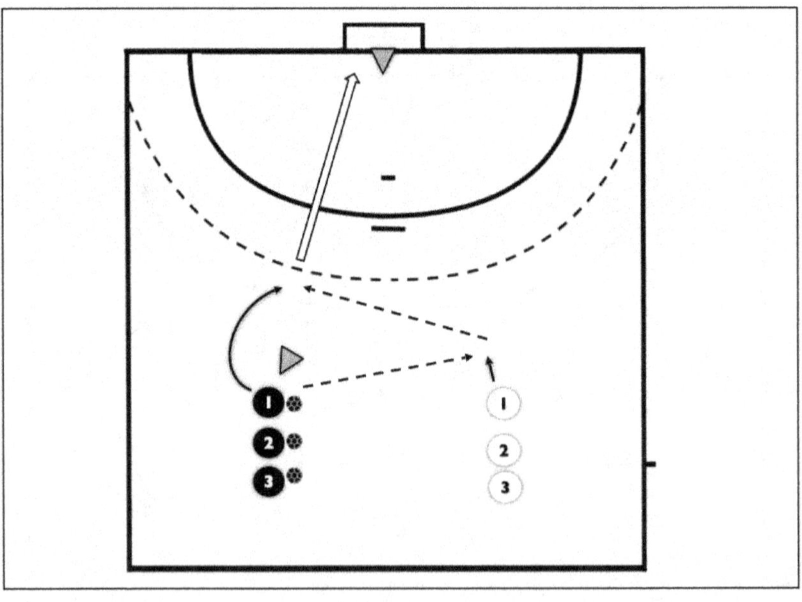

Ejercicio N° 85	Medio TT Principal	Pase y va
	Medio TT Secundario	Desplazamientos e Interceptación

Medios Técnico-Tácticos	Posición base, adaptación de balón, manejo de balón, desplazamientos, lanzamientos, pases, recepciones, pase y va, 2vs1 ; desplazamientos, posición básica, control visual, interceptaciones, marcajes y disuasión		
Jugadores	3	Fase	Ataque y Defensa
Material	Balón	Tiempo	10'

Explicación

Dos filas de las cuales solo tendrá balón una de ellas. Hay un defensor enfrente de la fila que tiene balón. La fila con balón tiene que pasársela a la otra sin que el defensor robe la pelota y esta última la tiene que devolver de nuevo, haciendo que la primera fila, la que tenía balón. Posteriormente le vuelve a pasar el balón y cuando recibe tira.

El que tira si marca se va a la fila con balón y si no pasa a defender. El otro jugador va hacia la fila que no tenía balón basculando por el área cuando su compañero haya tirado.

Observaciones	Variantes: poner un defensor para cada pase; el tiro tiene que ser en suspensión desde nueve metros.

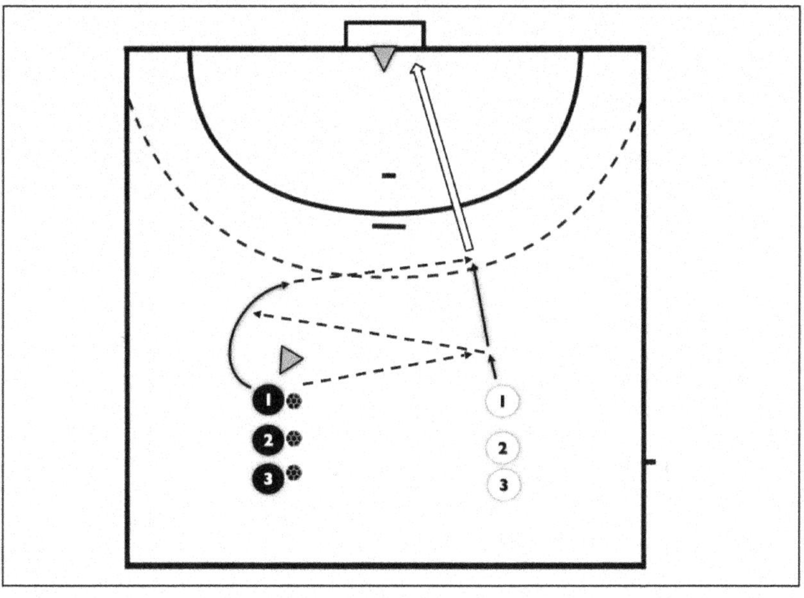

Ejercicio Nº 86	Medio TT Principal	Pase y va
	Medio TT Secundario	1x1 e Interceptación

Medios Técnico-Tácticos	Posición base, adaptación de balón, manejo de balón, desplazamientos, lanzamientos, pases, recepciones, 1x1, fintas, pase y va. Desplazamientos, posición básica, control visual, interceptaciones, marcajes, disuasión y control de oponente. Portero		
Jugadores	5	Fase	Ataque y Defensa
Material	Balón y conos	Tiempo	10'

Explicación

Dos filas de las cuales solo tendrá balón una de ellas. Hay un defensor enfrente de la fila que tiene balón y otro defensor en nueve metros.

La fila con balón tiene que pasársela a la otra sin que el defensor robe la pelota y esta última la tiene que devolver de nuevo, haciendo que la primera fila juegue un 1x1 con el defensor que está entre 9 y 6 metros. A la fila sin balón para devolver el pase le puede defender el defensa de fuera de nueve metros así que el pase deberá ser rápido.

El que estaba en la fila sin balón cambia a la que tiene balón y el que tira si marca se pone en la fila sin balón y si no defiende.

Observaciones	Variantes: poner un defensor para cada pase; el tiro tiene que ser en suspensión desde nueve metros.

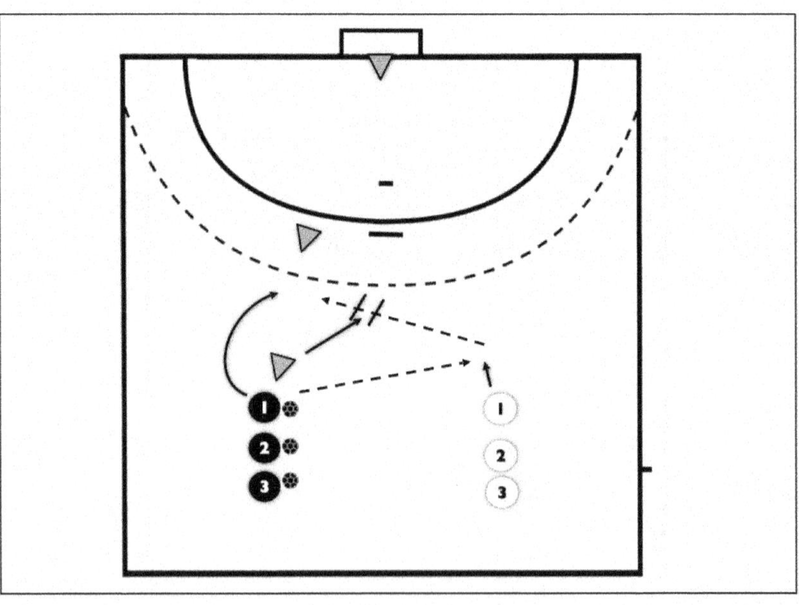

Ejercicio Nº 87	Medio TT Principal	Pase y va
	Medio TT Secundario	Interceptación y lanzamiento

Medios Técnico-Tácticos	Posición base, adaptación de balón, manejo de balón, desplazamientos, fintas, pases, recepciones, bote, lanzamiento, 2x1, pase y va, penetraciones sucesivas Desplazamientos, posición básica, control visual, interceptaciones, marcajes, disuasión, control de oponente, blocaje y fintas. Portero	
Jugadores	7	Fase	Ataque y defensa
Material	Balón y conos	Tiempo	10'

Explicación

Delimitamos la zona de juego a la zona de extremos y parte de la zona lateral próxima a los extremos. En cada una de estas zonas habrá un defensor, un lateral y un extremo y en la portería, un portero.

El ejercicio parte con el balón en el lateral, que tendrá que pasarla al lateral u extremo contrario sin que el defensor contrario intercepte el pase. En el caso de que reciba el lateral puede penetrar y tirar o pasarlo al extremo para que finalice. Si el pase lo recibe el extremo tiene que finalizar, en el caso de que no pueda se la debe pasar al lateral y este último no podrá lanzar a portería sino pasarla al otro lado siguiendo la mismas reglas.

Observaciones	Se puede restringir el bote. Resulta un ejercicio más útil una vez sobrepasada la etapa alevín donde los jugadores tienen más fuerza para poder realizar el pase de banda a banda con precisión.

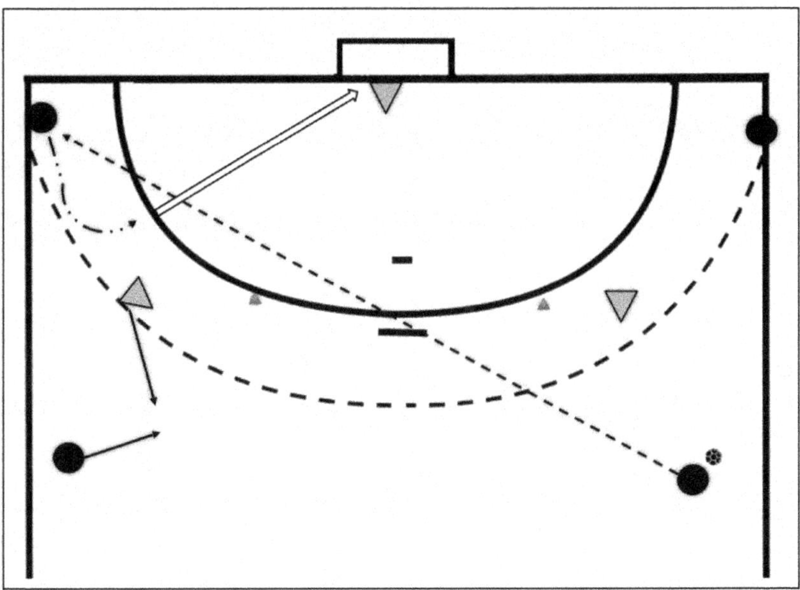

Ejercicio Nº 88	Medio TT Principal	Pase y va
	Medio TT Secundario	Control de oponente y blocaje

Medios Técnico-Tácticos	Posición base, adaptación de balón, manejo de balón, desplazamientos, fintas, pases, recepciones, bote, lanzamiento, 2x1, pase y va. Desplazamientos, posición básica, control visual, interceptaciones, marcajes, disuasión, control de oponente, blocaje y fintas. Portero		
Jugadores	7	Fase	Ataque y defensa
Material	Balón y conos	Tiempo	10'

Explicación

En la zona central de primera línea. Un jugador atacante central, un pivote, dos pasadores como laterales, dos defensores escalonados (uno dentro de nueve metros y otro fuera) y un portero.

La primera línea tiene que realizar un desmarque del jugador defensor próximo y tiene que recibir de alguno de los dos laterales. Posteriormente tiene que realizar un 2x1 con el pivote donde buscarán finalizar.

Observaciones	Se puede realizar en distintas zonas del campo de la primera línea, laterales y central. Se recomienda delimitar la situación de 2x1 a 3 metros. En categorías superiores se recomienda además delimitar, en el inicio del ejercicio, a la primera línea al lanzamiento de nueve metros y al pase al pivote. Como variante se puede implementar otro defensa en la zona de nueve metros.

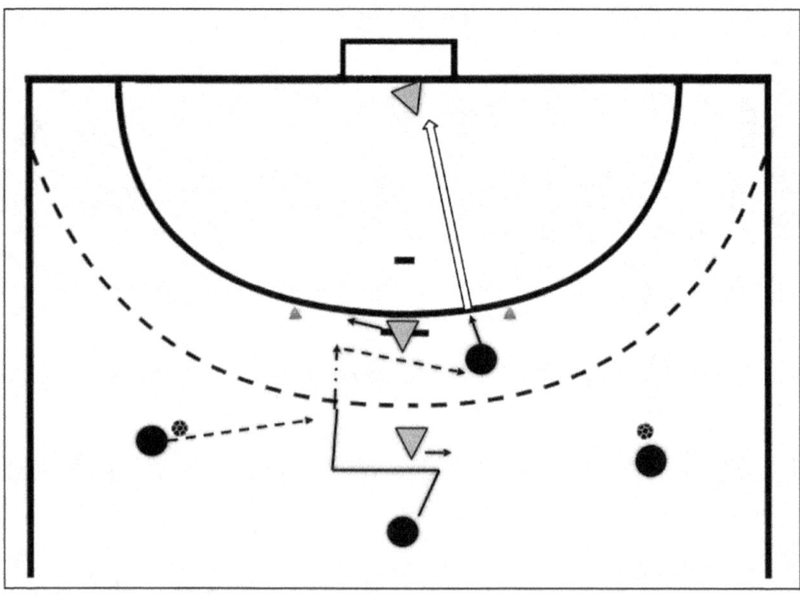

Ejercicio Nº 89	Medio TT Principal	Pase y va
	Medio TT Secundario	Control de oponente y blocaje

Medios Técnico-Tácticos	Posición base, adaptación de balón, manejo de balón, desplazamientos, fintas, pases, recepciones, bote, lanzamiento, 2x1, pase y va. Desplazamientos, posición básica, control visual, interceptaciones, marcajes, disuasión, control de oponente, blocaje y fintas. Portero		
Jugadores	6	Fase	Contraataque y defensa
Material	Balón y conos	Tiempo	10'

Explicación

Tres jugadores atacantes de los cuales dos son laterales y uno es un apoyo en la zona de pivote, dos defensas que actúan a partir de medio campo y un portero.

Se parte de una situación de contraataque donde desde la zona exterior corren dos jugadores, hasta el centro del campo, una vez pasada la línea el portero se la pasará a alguno de los dos. Volverán hacia la portería y tendrán que lanzar o pasar al pivote para apoyarse y luego realizar un desmarque.

Observaciones	Muy recomendable para categorías con defensa hombre a hombre. Para iniciación marcar la zona de pase y delimitar la zona de actuación cercana al área. También la defensa puede salir desde el centro del campo una vez lleguen a esa zona y el jugador pivote convertirse en un jugador de apoyo en toda la zona de juego.

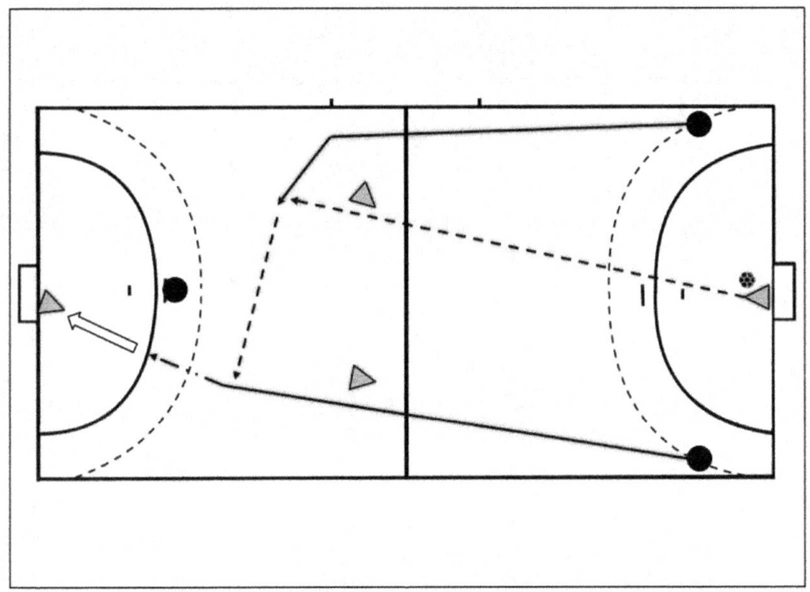

Ejercicio Nº 90	Medio TT Principal	Pase y va
	Medio TT Secundario	Control de oponente e interceptación

Medios Técnico-Tácticos	Posición base, adaptación de balón, manejo de balón, desplazamientos, fintas, pases, recepciones, bote, lanzamiento, 2x1, ayuda corporal, pase y va, penetraciones sucesivas. Desplazamientos, posición básica, control visual, interceptaciones, marcajes, disuasión, control de oponente, blocaje, fintas, cobertura, basculación, defensa del pase y va. Portero		
Jugadores	5	Fase	Ataque y defensa
Material	Balón y conos	Tiempo	10'

Explicación

Dos jugadores atacantes, un extremo y un lateral con sus respectivos defensas y un portero.

El balón parte del extremo. El lateral deberá desmarcarse para recibir el balón, a partir de este punto deberán coordinarse en los desmarques para tratar de finalizar.

Actuarán en función de lo que haga la defensa, por tanto, es un ejercicio con gran importancia en la toma de decisiones.

Observaciones	Delimitar la zona de actuación al lateral y el extremo. En categorías menores iniciar el desmarque con mayor distancia a la portería y aumentar la distancia hacia el centro y eliminar parte de la del extremo para evitar el lanzamiento cerrado.

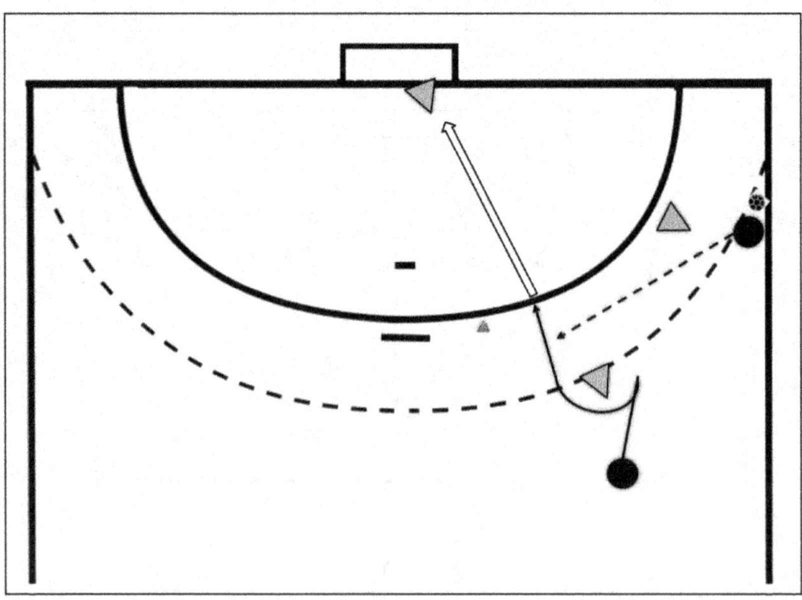

Ejercicio Nº 91	Medio TT Principal	Circulación de jugadores
	Medio TT Secundario	Fijaciones y penetraciones Cambio y control de oponente
Medios Técnico-Tácticos	Posición base, adaptación de balón, manejo de balón, desplazamientos, fintas, fijaciones, pases, 2x1, 2x2, pase, recepción, lanzamiento, cruce, circulación de balón, circulación de jugadores y penetraciones sucesivas. Desplazamientos, posición básica, control visual, interceptaciones, marcajes, disuasión, control de oponente, blocaje, fintas, cobertura, ayudas, doblaje y cambio de oponente. Portero	
Jugadores	9	Fase	Ataque y defensa
Material	Balón y conos	Tiempo	15'

Explicación

Un portero, tres defensas y cinco atacantes (pivote, extremo, laterales y central). Dos zonas de juego en los laterales, donde esté el extremo, zona ligeramente más amplia que para el otro lateral, se colocan 2 defensas y el pivote, en la otra zona solo se coloca un defensa.

El balón parte del lateral alejado del extremo, que tiene que circular balón hacia el extremo, una vez el balón llegue al extremo este fijará y se lo pasará al central, al mismo tiempo que entra a doble donde hay un defensor. Por otra parte el central cruzará con el lateral alejado y este a su vez cruzará con el otro lateral. Cuando reciba balón tiene que atacar un 2x2 con el pivote, si no pueden finalizar se lo pasarán al lateral contrario donde atacarán un 2x1.

Observaciones	Rotar las posiciones. Recomendado en iniciación para defensas y ataques zonales.

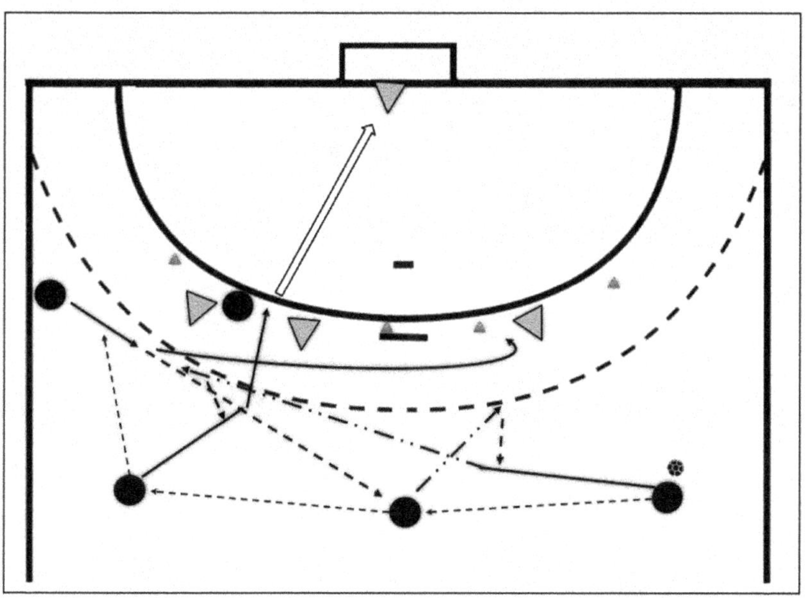

Ejercicio Nº 92	Medio TT Principal	Interceptación
	Medio TT Secundario	Disuasión

Medios Técnico-Tácticos	Posición base, adaptación de balón, manejo de balón, desplazamientos, fintas, pases, recepciones, 2x1+1. Desplazamientos, posición básica, control visual, interceptaciones, marcajes, disuasión, blocaje y fintas.		
Jugadores	4	Fase	Defensa y ataque
Material	Balón, banco y conos	Tiempo	10'

Explicación

Se coloca un banco sueco sobre el que se pondrá un atacante (simula ser pivote). A 6 metros se colocarán dos pasadores, sobre las zonas lateral/centro. El defensor se colocará entre estos y el receptor. Los atacantes se podrán mover en una anchura de dos metros que se indicará mediante conos.

El objetivo es que el defensor intercepte el pase de los laterales hacia el que está encima del banco, para ellos los atacantes deberán realizar pases fluidos y evitar que sean bombeados.

Observaciones	Se puede añadir dificultad con el movimiento del pivote, después mayor rango de movimiento de los laterales y, por último, permitiendo el pase picado o en bote.

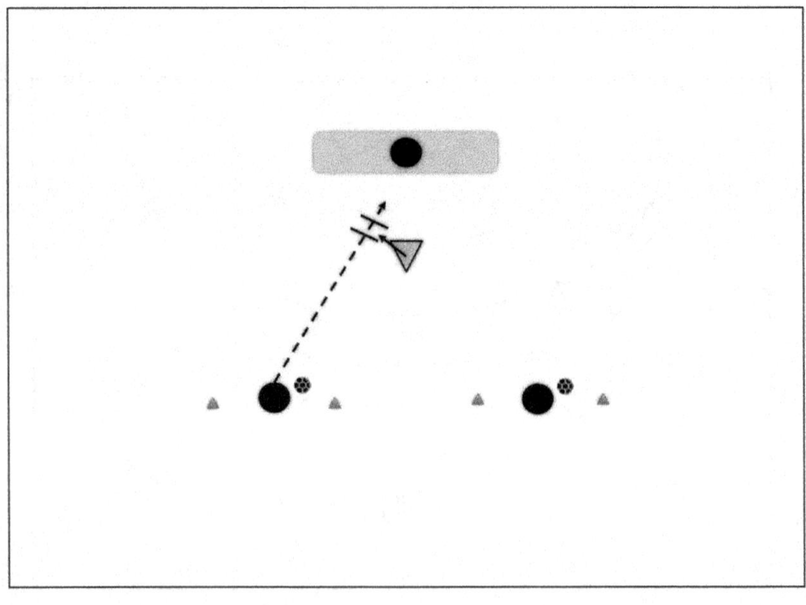

Ejercicio Nº 93	Medio TT Principal	Interceptación	
	Medio TT Secundario	Disuasión y blocaje	
Medios Técnico-Tácticos	Posición base, adaptación de balón, manejo de balón, desplazamientos, fintas, pases, recepciones, 3x3+1. Desplazamientos, posición básica, control visual, interceptaciones, marcajes, disuasión, blocaje y fintas.		
Jugadores	7	Fase	Defensa y ataque
Material	Balón, banco y conos	Tiempo	10'
Explicación			

Se coloca un banco sueco sobre el que se pondrá un atacante (simula ser pivote) en 5 metros. En la línea de 9 metros se colocan tres atacantes con un defensor cada uno.

El objetivo de la defensa es recuperar el balón sin hacer falta y el del atacante pasarla al jugador fijo.

Observaciones	Se permite la movilidad de los tres jugadores de primera línea aunque no pueden sobrepasar la línea de 9 metros. Tampoco se pueden hacer pases bombeados.

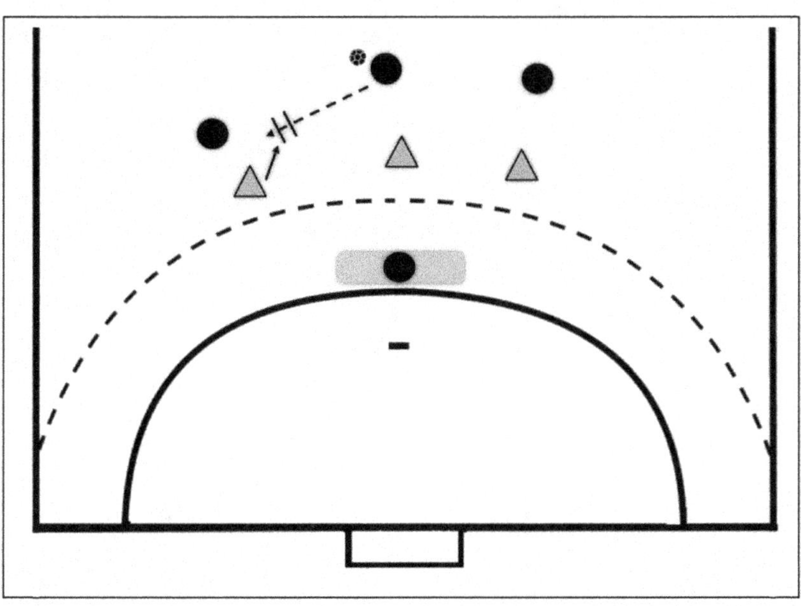

Ejercicio Nº 94	Medio TT Principal	Interceptación	
	Medio TT Secundario	Disuasión y marcaje	
Medios Técnico-Tácticos	Posición base, adaptación de balón, manejo de balón, desplazamientos, fintas, pases, recepciones, superioridad númerica, pase y va. Desplazamientos, posición básica, control visual, interceptaciones, marcajes, disuasión, control de oponente y fintas.		
Jugadores	9	Fase	Defensa y ataque
Material	Balón y conos	Tiempo	10'
Explicación			

Hacemos 5 zonas en el campo, dos en cada lateral y un pasillo central. Por cada zona habrá un atacante que le tiene que pasar el balón a sus compañeros sin botar.

En las 4 zonas laterales habrá un defensor en los límites que intentarán interceptar balón y solo podrán entrar a defender en la zona una vez que el balón esté en las manos de su atacante directo. Pueden recuperar el balón haciendo golpe mediante el control de oponente.

Observaciones	Los atacantes se pueden mover dentro de su zona pero no podrán devolver el balón a la persona de la que han recibido.

Ejercicio Nº 95	Medio TT Principal	Interceptación
	Medio TT Secundario	Disuasión y marcaje

Medios Técnico-Tácticos	Posición base, adaptación de balón, manejo de balón, desplazamientos, fintas, pases, recepciones, superioridad numérica, pase y va. Desplazamientos, posición básica, control visual, interceptaciones, marcajes, disuasión, control de oponente y fintas.		
Jugadores	9	Fase	Defensa y ataque
Material	Balón y conos	Tiempo	10'

Explicación

Hacemos 5 zonas en el campo, dos en cada lateral y un pasillo central. Por cada zona habrá un atacante que le tiene que pasar el balón a sus compañeros sin botar y en el pasillo central habrá dos jugadores atacantes.

En cada zona hay un solo defensor que solo se puede mover dentro de su respectivo campo.

El objetivo de los atacantes es que todos toquen el balón y realizar como mínimo 10 pases y el de la defensa interceptar balón o hacer golpe franco.

Observaciones	Se le puede añadir la dificultad de uno de los atacantes del centro puede acudir a cualquier zona donde no esté la posesión de balón.

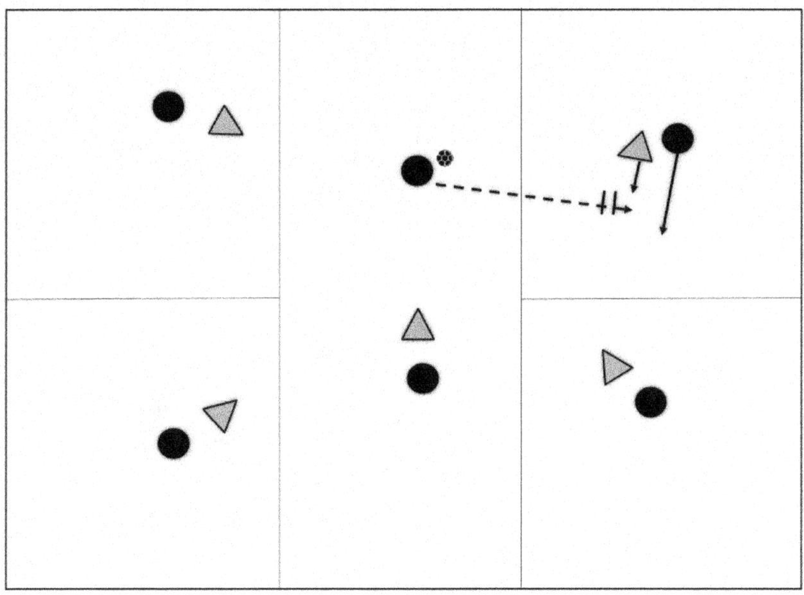

Ejercicio Nº 96	Medio TT Principal	Interceptación
	Medio TT Secundario	Disuasión y marcaje

Medios Técnico-Tácticos	Posición base, adaptación de balón, manejo de balón, desplazamientos, fintas, pases, recepciones, superioridad numérica, pase y va. Desplazamientos, posición básica, control visual, interceptaciones, marcajes, disuasión, control de oponente y fintas.		
Jugadores	9	Fase	Defensa y ataque
Material	Balón y conos	Tiempo	10'

Explicación

Hacemos 5 zonas en el campo, dos en cada lateral y un pasillo central. Por cada zona habrá un atacante que le tiene que pasar el balón a sus compañeros sin botar y en el pasillo central habrá dos jugadores atacantes.

En cada zona hay un solo defensor, a excepción de la zona central donde hay dos, que solo se puede mover dentro de su respectivo campo.

El objetivo de los atacantes es que todos toquen el balón y realizar como mínimo 10 pases y el de la defensa interceptar el balón o hacer golpe franco.

Cuando el balón se encuentre en el pasillo central, uno de los defensores tiene que ir a la linde de la zona.

Observaciones	Se le puede añadir la dificultad de uno de los atacantes del centro puede acudir a cualquier zona donde no esté la posesión de balón.

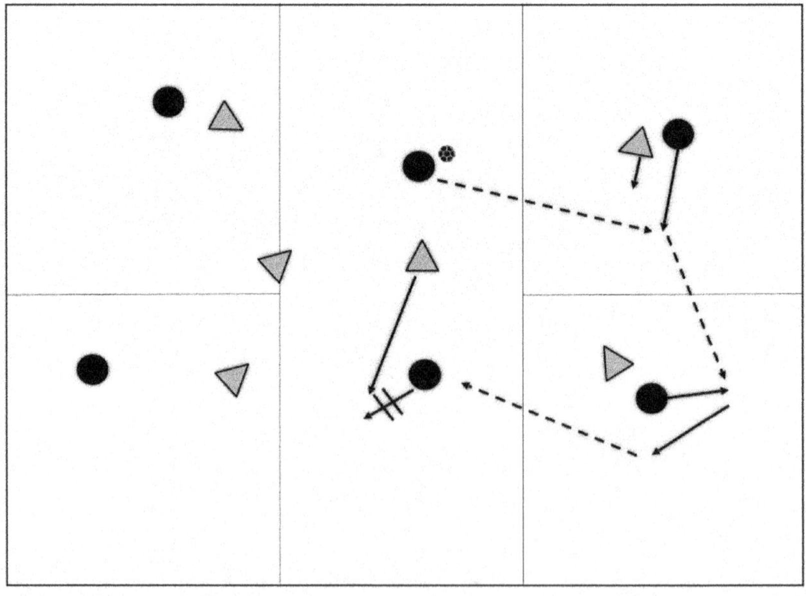

Ejercicio N° 97	Medio TT Principal	Interceptación
	Medio TT Secundario	Disuasión y control de oponente

Medios Técnico-Tácticos	Posición base, adaptación de balón, manejo de balón, desplazamientos, fintas, pases, recepciones. Desplazamientos, posición básica, control visual, interceptaciones, marcajes, disuasión, control de oponente y fintas.		
Jugadores	9	Fase	Defensa y ataque
Material	Balón y conos	Tiempo	10'

Explicación

Los atacantes se disponen en triángulo con un jugador en medio. Los defensores se dispondrán dentro del triángulo.

Los defensores tienen que tratar de cortar el balón o tocar al jugador que tiene la pelota, el que lo consiga cambia su puesto por el atacante que falló. Los defensores deben dar 10 pases externos o 2 internos.

Buscar proteger el pase interno, brazos a altura intermedia, interceptación, disuasión y buena colocación con respecto a los atacantes.

Observaciones	

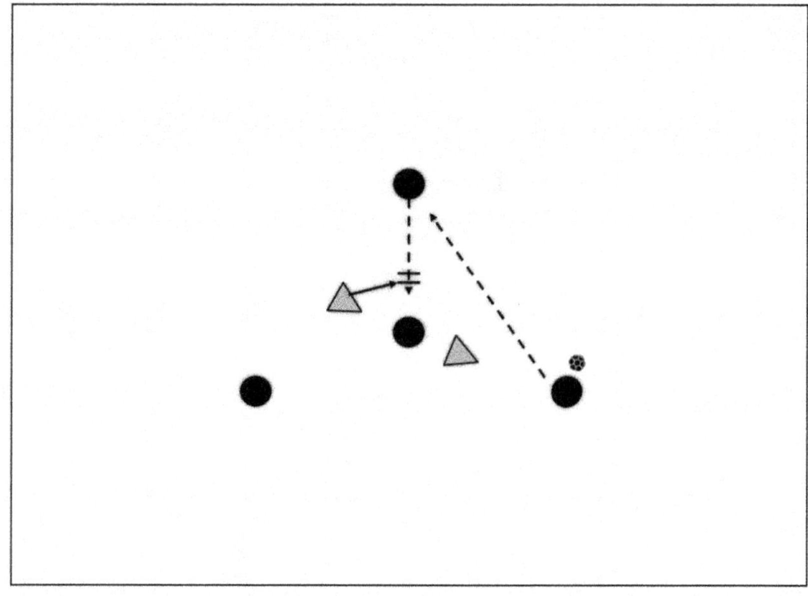

Ejercicio N° 98	Medio TT Principal	Interceptación
	Medio TT Secundario	Disuasión y control de oponente

Medios Técnico-Tácticos	Posición base, adaptación de balón, manejo de balón, bote, desplazamientos, fintas, pases, recepciones, 1x1 Desplazamientos, posición básica, control visual, interceptaciones, marcajes, disuasión, control de oponente y fintas.		
Jugadores	4	Fase	Defensa y ataque
Material	Balón	Tiempo	10'

Explicación

Tres atacantes y un defensor.

Dos de los atacantes están a los lados del defensa y el jugador en bote. El defensa deberá impedir el paso del jugador botador entre los conos y al mismo tiempo tratará de interceptar el balón a los jugadores atacantes que se lo están pasando a ambos lados.

Observaciones	Priorizar la interceptación del balón en bote al control de oponente, así mismo priorizar al oponente directo antes que la interceptación de los pases.

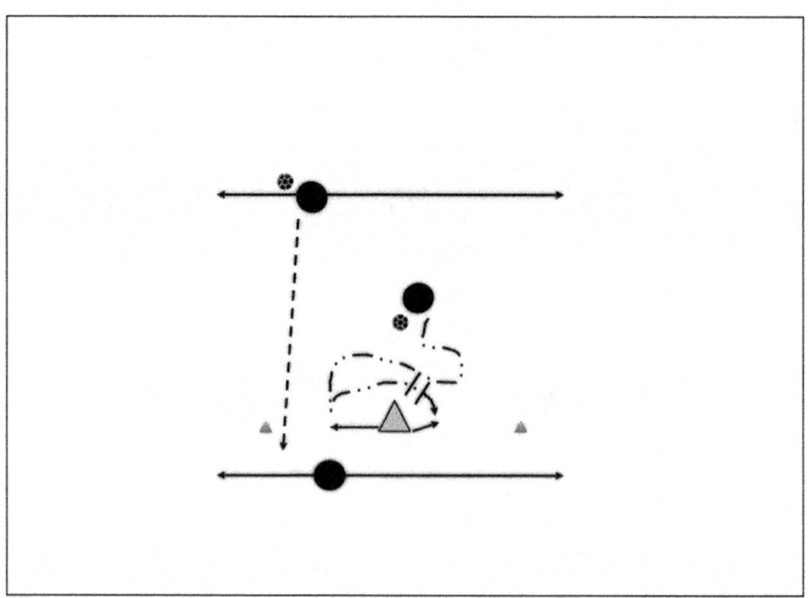

Ejercicio Nº 99	Medio TT Principal	Interceptación
	Medio TT Secundario	Disuasión

Medios Técnico-Tácticos	Posición base, adaptación de balón, manejo de balón, desplazamientos, fintas, pases, recepciones. Desplazamientos, posición básica, control visual, interceptaciones, marcajes, disuasión, control de oponente y fintas.		
Jugadores	8	Fase	Defensa y ataque
Material	Balón y conos	Tiempo	10'

Explicación

Los atacantes se disponen en rectángulo y un jugador en medio. Tres defensores dentro del rectángulo.

Los jugadores exteriores deben recibir la pelota en salto y pasarla antes de caer al suelo, cuando la bola cae o es interceptada hay cambio de funciones. Si consiguen meter la pelota al jugador central o dan 10 pases los jugadores atacantes ganan.

La defensa gana si intercepta el balón o toca al poseedor de balón.

Observaciones	Priorizar el pase interior. En iniciación que reciban en salto, caigan y después vuelvan a saltar para el pase con el añadido de que si el defensor toca al poseedor de balón hay cambio de funciones.

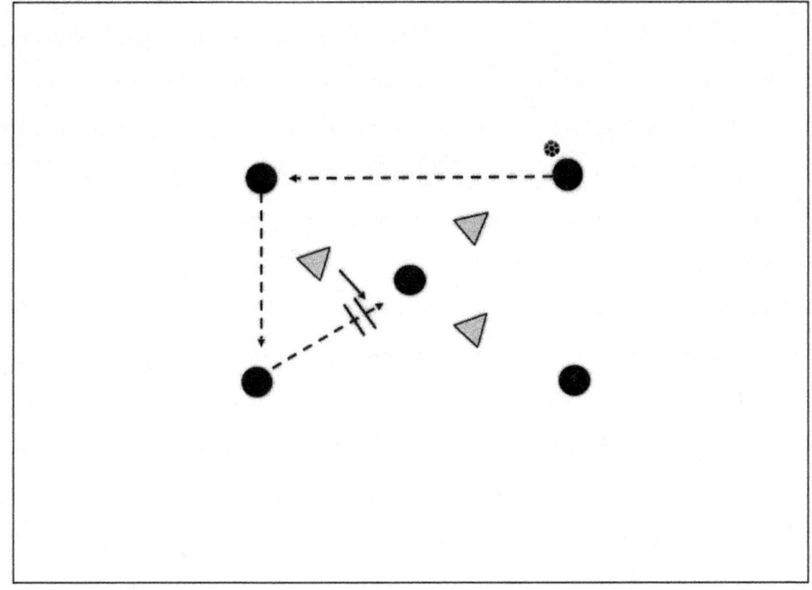

Ejercicio Nº 100	Medio TT Principal	Interceptación
	Medio TT Secundario	Disuasión y control del oponente

Medios Técnico-Tácticos	Posición base, adaptación de balón, manejo de balón, desplazamientos, fintas, pases, recepciones, 1x1+1, lanzamiento. Desplazamientos, posición básica, control visual, interceptaciones, marcajes, disuasión, control de oponente y fintas.		
Jugadores	3	Fase	Defensa y ataque
Material	Balón y conos	Tiempo	10'

Explicación

Entre los conos.

Dos conos a una anchura de 2 metros. Un defensor, un atacante y un colaborador.

El defensor tiene que buscar la interceptación o disuasión del pase del colaborador al atacante y evitar que penetre en el espacio entre los conos.

El atacante tiene que intentar penetrar entre los conos sin botar y en el menor número de pases posibles.

Observaciones	Variante: el colaborador es el que tiene que recibir el balón detrás de los conos mediante un pase picado. Pero el colaborador no puede estar más de dos minutos detrás de los conos.

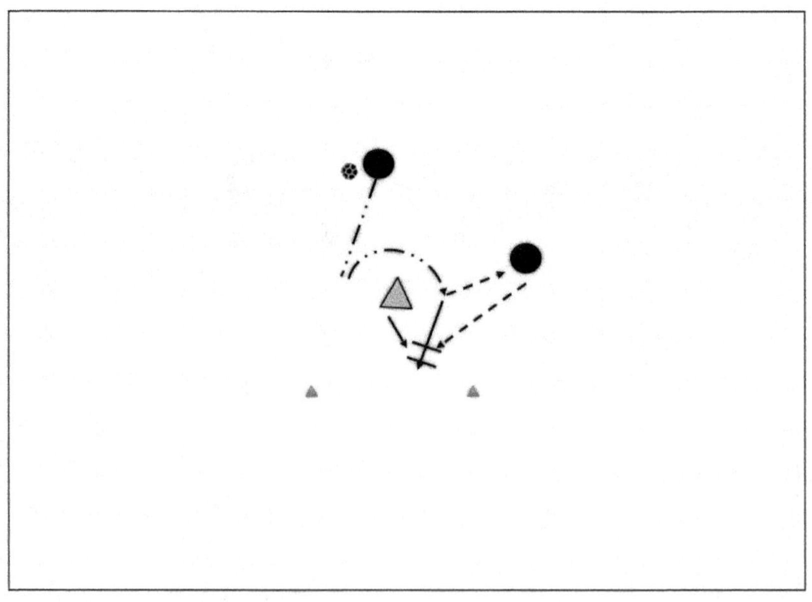